# 企业管理改革与创新

郦玉阶 著

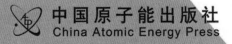

中国原子能出版社
China Atomic Energy Press

图书在版编目（CIP）数据

企业管理改革与创新 / 邴玉阶著 . -- 北京：中国
原子能出版社 , 2022.12
ISBN 978-7-5221-2428-5

Ⅰ . ①企… Ⅱ . ①邴… Ⅲ . ①企业管理—研究—中国
Ⅳ . ① F279.23

中国版本图书馆 CIP 数据核字 (2022) 第 228315 号

## 企业管理改革与创新

**出版发行**　中国原子能出版社（北京市海淀区阜成路 43 号 100048）

**责任编辑**　潘玉玲

**责任印制**　赵　明

**印　　刷**　北京天恒嘉业印刷有限公司

**经　　销**　全国新华书店

**开　　本**　787mm×1092mm　1/16

**印　　张**　9.25

**字　　数**　201 千字

**版　　次**　2022 年 12 月第 1 版　　2022 年 12 月第 1 次印刷

**书　　号**　ISBN 978-7-5221-2428-5　　　　定　价　76.00 元

# 前　言

当今社会中，精益生产已经成为制造行业公认的一种最有效、最实用的生产组织管理模式。而且，这也是 21 世纪的一种主流管理模式，受到了各大制造业企业的一致认可。这种管理模式在实际情况中的应用，可以最大限度地简化生产程序、缩短生产周期，从而有效地降低生产成本，为企业带来更多的经济效益。因此，在当前情况下，如何才能够更好地推行精益生产管理模式，成为各大制造业企业都在思考的问题。

管理模式是指企业为实现其经营目标组织资源、经营生产活动的基本框架和方式。真正的现代管理的定义是需要通过建立管理模式来实现的，而管理模式是以管理理念为基础，通过管理理念的灌输进行指导的，包括管理方法、管理工具、管理制度、管理模型、管理程序，这五个方面共同构成了管理行为体系结构。在这里引申一个管理模式——创业型管理模式。在创业型管理模式中，知识管理占主导地位，机会管理是创业型管理模式的核心内容。

在企业的发展过程中，企业的管理模式也在不断地发生变化。传统的企业管理模式主要分为两种：科学管理模式和创新管理模式。科学管理模式主要是通过借鉴国外的企业管理模式，对企业部门进行分工式管理，以风险防范作为基础。科学管理模式由于是分工管理，虽然可以很好地分配任务责任，但是公司各个部门对公司的整体了解有所缺失。这种管理模式不利于企业各部门之间的相互配合，限制了我国企业全方面研究的发展。这种企业管理模式是一种金字塔状的管理层次，在信息传递过程中，容易造成数据的缺失或者出现失真问题。科学管理模式产生于工业化发展初期，符合当时大生产下物质缺乏的生产。随着科学管理模式的消失，在企业管理模式中，创新管理模式运用比例逐渐增大。随着互联网的快速发展，对企业发展提出了新的要求，在这个信息共享、传播速度快的时代，企业的发展面临着巨大的挑战。要想使企业更好地适应新环境，就必须有效地提高管理水平，进行管理模式的创新。

# 目　录

# 第一章　企业管理的理论研究

## 第一节　企业管理的创新模式

随着科学技术的不断进步和信息时代的来临，经济全球化进程加快，企业已不能固守传统的管理思想和管理制度，需要不断根据社会的发展而做出改变。我国的企业目前正处于一个巨大的变革时期，即经济体制从计划经济转向市场经济，这对于我国的企业而言，既是一个很好的机遇，又是一个严峻的挑战，企业需要不断提高自己的能力来应对这一改变。

本节介绍了企业组织变革的定义与过程，分析了当代企业管理变革与创新对企业产生的各种影响，并针对企业管理变革和创新带来的利大于弊的情况，提出减少企业管理变革和创新阻力的具体方法。

### 一、企业组织变革的定义与过程

#### （一）组织变革的定义

在某个时间点上，大部分管理者需要改变企业的某些制度，这些改变划分为任何有关人员、结构和技术的变更的组织变革。组织变革需要一个管理者来承担变革管理过程的责任，也就是需要一个变革的推动者。他既可以是组织内部的管理者，同时也可以是员工，甚至是企业外部的一个客户或者顾问。对于某些比较重大的变革，企业的管理者通常会聘请外部的咨询顾问来提供建议和援助。也正是因为这些顾问的外部人员身份，他们有着一种对这个企业的第三视角，看问题也相比企业内部人员更加客观，但是外部人员对企业内部的政策和结构的了解不如内部人员深入。正是因为外部人员不必对企业变革的结果承担责任，所以他们更可能成为企业变革管理的推动者，而企业内部人员因为要考虑变革的后果和影响，在变革时会更加深思熟虑，但也可能变得过度谨慎。

#### （二）组织变革的过程

成功的变革是一个可以计划的过程，变革通过对现状的解冻可以达到一个新的阶段，然后通过再冻结过程使变革成果变得持久。解冻是变革必不可少的准备阶段，可以通过促进变革的驱动力，减弱抵制变革的抑制力，或者对两者进行解冻。一旦完成了解冻，变革就可以自发实施了。但是，仅仅引入变革是不能保证变革成功的，需要再次冻结新状态以保证变革的持久性。除非最后的阶段也完成了，否则员工很有可能回到原来的平衡状态，也就是继续原有的工作模式。再冻结有利于强化新的行为模式，巩固新的状态。

同时，我们所处的经济和文化环境变化的步伐正在加快，而我们对于未来的预见性也在逐渐下降。在当今社会中，如果组织还将变革看作平静安稳的，那么这个组织必然是岌岌可危的。对于组织和它们的管理者而言，商业环境早已不同以往有些东西变化得太快，以至于组织及其管理者没有足够的精力来应付，这就要求管理者时时刻刻做好战斗准备，保持工作的高效，管理好他们所在的组织和应对工作所带来的各种变革。

## 二、企业管理变革对企业的影响

关于变革对公司的具体影响，人们常常认为生产部门应该加大新产品创新的力度，加快生产方式的改进步伐。事实上，企业变革的影响远不止于此，应该说问题要复杂得多。企业变革应该被视为一种系统的整体功能反应。作为一个组织系统，企业通常由各种要素组成，如企业目标、程序、组织结构和科学技术。换句话说，变化的本质是导致企业文化结构、管理体制和产品结构的连锁反应的过程。如果一个企业由于外部市场环境的变化而改变其业务目标，就必须调整企业的人力资源、技术能力、组织结构和企业文化。外部环境的变化将引发一系列的变化。

### （一）变革对企业管理机制的影响

这一变化将对企业的管理机制和程序提出更高的要求，并撼动企业长期形成的内在决策机制。企业积极建立员工参与变革管理机制，能够帮助员工理解和支持企业变革；否则，员工会认为他们的意见没有得到认真对待，或者他们不能参与变革的决策过程，他们对变革的抵制行为可能会增加。

### （二）变革对企业组织结构的影响

变革将动摇企业的传统组织体系，并呼吁形成新的组织结构。为了顺利实施变革，企业需要重新设计组织结构以适应新环境，减少各种阻力。例如，减少沟通不畅所造成的矛盾和摩擦；减少不合理分配权力造成的员工负面情绪；消除部门协调不力造成的工作效率低下的现象。

### （三）变革对企业文化的影响

变革通常需要突破企业文化固有的制约因素。成功的变革需要良好的企业文化支持。企业变革管理与文化建设相互补充，是不可分割。如果员工认同开放、创新企业文化，那么他们可能会有意识地支持公司的转型战略。员工已经适应了原有的企业文化的存在与氛围，要改变企业文化，就是改变员工工作的环境与氛围，甚至是价值观，在很长一段时间内，员工都将难以适应。

### （四）变革对企业人力资源的影响

企业的变化可能会使一些员工感到不舒服、不理解或不满意。例如，如果员工的技术能力不符合新工作环境的要求，或者员工认为变革是对自身利益的威胁，那么他们可能会抵制变革并成为变革的障碍。人们通常抵制生活方式上的一些改变，正如很多人知道少吃垃圾食品、多做健康的运动对我们的身体有好处，但是现实中却很少有人真正这样做。同样地，对于企业内部人员来说，变革对于他们可能是一种威胁，大多数人会对掌控之外的事物产生恐惧感，主要是因为变革存在不确定性，还有个人的习惯以及个人利益的得失。变革让不确定性取代了确定性，因为人们习惯于做某件事，突然的改变会造成他们的不适应。还有就是人们本能地害怕失去原来拥有的东西，认为变革威胁到了现阶段他们已经付出的投入。在现实生活中，人们付出得越多，就可能越抵制变革，因为他们害怕变革损害自己的个人利益，所以抵制变革的一个主要的原因是员工的个人利益与企业利益不相符。

## 三、企业管理创新对企业的影响

### （一）优化企业组织结构

一个组织的结构会给创新带来重大影响。第一，有机式的结构会给创新带来积极的影响。因为这种结构规范化程度和企业集权程度十分低，有效增强了组织的灵活性，而灵活性对于创新十分重要。第二，丰富的资源的可获得性也是创新的关键因素。丰富的资源可以使组织有能力购买创新的机器设备、工具。第三，组织内部的密切沟通有利于打破创新的障碍，增加了创新型人才。创新需要不同的思想碰撞，这样才能产生新鲜的想法，因此员工之间的密切交流是实现创新的基础。第四，管理者会尽可能减少工作时间以减轻员工压力，释放员工的活性，使他们更容易产生新的想法，从而会更加努力地工作，变得更有创造力。第五，当一个组织结构明确表示支持创造力时，员工的创造力也会增强。

### （二）生产新型产品

设计思维和创新之间有着千丝万缕的联系。设计思维可以为创新所做的，正如全面质量管理可以为质量所做的。全面质量管理为贯穿整个组织的质量提高提供了一个流程，当一种业务以一种设计思维实现真正的创新时，强调的重点在于更加深刻地理解消费者的需求和期望，要求把客户视作真正的人，存在着真实的问题，而不仅仅是销售目标或者人口统计。但是它也要求将这些对消费者的洞察结果转化为真实的、可用的产品。

## 四、减少企业管理变革和创新的阻力的方法

### （一）给予员工一定的补偿与奖励

当变革的信息出现传达错误时，管理者可以对抵制变革的员工进行教育和沟通，从而消

除管理者和员工之间的误会。当变革抵制者有着能为组织做贡献的可能时，管理者应该鼓励员工参与变革，给他们施加一定的好处。如果变革抵制者态度强硬，那么管理者也可以跟他们进行谈判，通过进行价值交换来达成协议，或者答应给予员工一定的补偿和奖励。

### （二）培养员工的创造力

当今社会，企业的成功离不开创新。社会每天都在发生变化，稍微不留意，企业就会跟不上社会的发展步伐。在这个动态多变的全球竞争环境下，一个企业要想在竞争中获得成功，就必须学会利用自己的创新能力，创造出新的产品和服务。创造力指的是以某种特殊的方式综合各种思想或者在两种思想之间建立独特联系的能力。一个拥有创造力的组织有能力开发新颖的工作方式和解决问题的方案。但是，组织仅仅有创造力是远远不够的，创意过程产生的成果需要转化为有用的产品或工作方法，这就是创新的定义。所以，创新相对于创造力来说在于拥有创意，并且有能力将这些创意转化为新的产品或工作方法。当组织管理者要实施组织变革来使组织更具有创造力时，就意味着他们需要激发和促进创新。

### （三）构建创新性企业文化

一个创新型组织的文化大都是相似的，都能够包容每个人不同的思想，鼓励观点的多样性，不会限制员工的思维发展，越是一些看起来不切实际的想法越可能带来创新的方案。创新型组织的管理一般都比较人性化，不会像传统企业那样墨守成规，而且它们对于风险是有容忍度的，因为创新是要承担一定的风险的，创新型组织会将其作为学习的经验而不是想办法去规避。它们重视开放的系统，密切监视着环境，环境一旦发生变化，它们就会立刻做出回应。

总之，企业变革管理在 21 世纪不断变化的商业环境中变得越来越重要。企业变革的影响具有直接影响企业员工、文化、组织结构和管理体系等方面的系统性特征。实施变革战略并非易事，要求企业综合考虑各方面的影响因素，科学运用当代变革管理理论，积极采取各种有效的措施，放弃自我约束，建立前瞻性的观念，锐意进取，努力通过变革和发展实现生存的战略目标。

# 第二节　中国企业管理发展浅析

中华民族有着五千年的悠久历史，本节将中国企业管理的发展划分为六个时期："前史"时期、"前科学化"时期、资本主义企业科学化管理引进时期、企业计划经济管理时期、全面推进"管理现代化"时期、中国企业管理新时代，并进行了详细的论述。

在我国，人们把企业管理通俗地称为"做企业"。"企业"一词虽然源自日语，但是要讲"做企业"，中国却比其他国家要早得多。据史料记载，春秋时期以前我国便有了商人，当时做企业也被称为"经商"，"商人"也就成了做企业之人的代名词。那个时期的商人以家族经营的形式世袭，其身份、居住区、经营商品的种类甚至服务对象都受到官府的严格控制。春秋时期及以后在中国哲学理论大发展的深刻影响下，商人由以家族经营的世袭逐渐演变为以个体家庭为主，其身份来源也越来越复杂，有弃农经商、贵族没落而经商、官商转化为私商、工商结合者等。春秋时期以后，经商完全根据社会经济发展的规律而自发形成。虽然中国在几千年以前已经有了"企业"并留下了诸如《孙子兵法》《论语》《老子》《道德经》等许多关于管理思想的典籍，但是"管理学"一词源于欧洲，特别是"企业"一词源自日语，戊戌变法之后才融入现代汉语。因此，19世纪末之前我国没有专门系统的企业管理学著作，直到19世纪末以后"企业""管理学"的概念才逐步在我国产生并开始发展。

## 一、第一个时期：1840年以前——"前史"时期

中国在明朝后期就出现了资本主义萌芽，但是从这时起直到1840年鸦片战争以前，中国实行闭关锁国的封建政策，中国带有资本主义萌芽性质的私营工场手工业没有发展成为资本主义的现代机器工业。

## 二、第二个时期：1840年至1911年——"前科学化"时期

在这个时期，传统封建管理体制没落，资产阶级早期经营管理开始出现。鸦片战争之后，资本主义商品蜂拥而入。我国官僚资产阶级和民族资产阶级相继对其效仿，从19世纪60年代开始陆续兴办了一些近代工矿企业。以李鸿章为首的洋务派企业、以康有为为代表的资产阶级改良派、以孙中山为代表的革命派、以郭甘章为代表的民族实业家均是在这个时期产生的。在这个时期，管理思想争论的焦点在于中学与西学的争论、企业官办与民办的争论、封建制度与资本主义制度的争论。

## 三、第三个时期：1927年至1949年——资本主义企业科学化管理引进时期

在这一时期，西方科学管理理论及其他理论开始形成并逐渐被引入我国。官僚资本管理、国营工业管理、民族资本主义企业管理、新民主主义政权区域的经济建设管理等都开始了科学化管理的引进与吸收。这个时期也是我国企业管理学的萌芽时期，管理学教育（如工商学院、管理学院等的设置）、管理社团组织（如中国科学社、中央研究院、中国工商管理协会等）、管理学著作（如张家泰的《工商管理ABC》等）、管理专家（如民生公司创办者卢作孚、商务印书馆总经理王云五等）、调查研究（如陈翰笙等开展的中国农村经济调查）等方面都有了发展。蒋介石提出的"国民经济建设必赖国家之政治力量而后推行尽利也"一语道破了国民党政府时期经济管理思想的本质所在。

## 四、第四个时期：1949年至1978年——企业计划经济管理时期

这一时期是中国特色管理学的形成时期，也是指从中华人民共和国成立到党的十一届三

中全会召开前的这一段时期。中华人民共和国的成立标志着我国进入社会主义社会。国民党时期的旧的管理思想和方法已不能适应新中国社会主义建设发展的需要。鉴于当时国际、国内形势，我国的经济管理模式基本上照搬苏联模式，即高度集中的计划经济管理模式。当然，这一时期除了照抄苏联经济管理模式，我国还结合国情创造性地形成了自己的企业计划经济管理模式。它的发展大致可以划分为以下四个阶段。

### （一）第一个阶段：1949 年至 1952 年

本阶段我国企业管理的特点是没收管理资本主义和清除帝国主义在华经济势力，变革企业管理制度。

### （二）第二个阶段：1953 年至 1956 年 4 月

本阶段我国实现对资本主义的社会主义改造，全面系统地引进苏联的企业管理制度和方法，实行科学管理。

### （三）第三个阶段：1956 年 5 月至 1965 年

本阶段我国企业管理的特点是全面系统地探索我国的企业管理道路，创建具有中国特色的先进企业管理理论体系。1956 年 4 月，毛泽东发表的《论十大关系》指出：要学习一些国家的长处，包括资本主义国家先进的科学技术和科学管理方法，吸取苏联的经验、教训，总结自己的经验。之后，全国专家、企业家和学者开始大规模地学习引进与创新西方的科学管理理论。1961 年庐山会议通过了《国营工业企业工作条例（草案）》，我国第一部关于企业管理的总章程诞生。1964 年，在马洪先生的主导下，我国第一部《中国社会主义国营工业企业管理》著作出版。

### （四）第四个阶段：1966 年至 1977 年

本阶段我国企业受"文化大革命"的影响，企业先进管理理论的探索和创新遭到严重干扰与破坏，僵化的计划经济体制使改革的道路停滞，中国特色计划经济管理思想体系形成。

## 五、第五个时期：1978 年至 2011 年——全面推进"管理现代化"时期

这一时期特指党的十一届三中全会以后的时期，又称为"改革开放"时期，其主要特征是市场经济逐步直至最终取代计划经济。企业管理总的指导思想是：政企逐步分开，企业自主性增强，提倡市场自由竞争。为了加速我国企业管理现代化的进程，迎头赶上西方发达国家，我国开始大规模地引进西方管理思潮，其中主要有全面质量管理、全面成本核算、系统工程、控制论、技术经济学等。这一时期我国的企业管理可以划分为以下四个阶段。

### （一）第一个阶段：1978 年至 1981 年企业管理恢复性整顿阶段

1978 年，十一届三中全会将技术经济和管理现代化列入十年发展规划，拉开了全国企业"恢复性整顿"的序幕。

1978 年的重大管理事件如下。

（1）马洪、袁宝华、蒋一苇、吴家骏等经济学家赴日本考察企业管理。

（2）计件工资制度试点实施。

（3）蒋一苇提出在国企推行"两制四全"（两制，即民主管理基础上的厂长责任制，以责、权、利为核心的经济责任制；四全，即全面计划管理、全面质量管理、全面成本核算、全员劳动与人事管理）的理论，并在中国第二砂轮厂开始试点。

（4）国有大中型企业开展了以岗位责任制为核心的各项规章制度建设。1979 年 3 月，我国成立中国企业联合会，旨在加强和改善企业管理工作。马洪、袁宝华率中国经济考察团赴美国交流。

1979 年 6 月，著名经济学家蒋一苇提出"企业本位论"，对我国企业管理影响重大。

1981 年企业开始试行责、权、利相结合的经济责任制，以此适应我国企业管理模式由生产型向生产经营型的转变。4 年间，全国企业管理的重心均在于如何以现代化的管理制度和手段来恢复原有的企业生机。

**（二）第二个阶段：1982 年至 1985 年企业管理全面整顿阶段（企业管理现代化试点阶段）**

1982 年，随着党的十二大召开，第一次把管理科学应用于研究列入政治报告。同时，党中央决定了用两到三年时间对所有国有企业进行全面整顿，由此进入了企业管理全面整顿阶段。同年，由马洪主编的《中国工业经济问题研究》一书出版，并在此书中第一次正面回答了什么是企业。

1983 年，在总结第一个阶段的经验的基础上，为了克服利润上缴制度的弊端，《关于国有企业利改税试行办法》获中央批准。

1984 年，在中国企业家联名发表《请给我们"松绑"》（文章中提出"实行厂长负责制"）一文的影响下，我国第一次以行政法规的方式明确了企业管理的自主权，同时将扩大企业自主权推向全面实施。

1984 年，全国开始全面推广企业承包制管理。

1985 年，企业全面整顿工作圆满结束。

**（三）第三个阶段：1986 年至 1992 年企业全面管理现代化阶段**

1986 年 3 月，我国颁发了《企业管理现代化纲要》，同年 9 月国务院明确提出实行厂长负责制，并提出企业所有权与经营权分离的改革方向和思路。1987 年，承包制和租赁制在全国企业遍地开花，同时国家经济贸易委员会（简称为国家经委）要求把厂长负责制作为企业法人代表的根本制度。

1989 年，《辞海》中第一次出现了"企业家"这个名词。

1991 年，我国开始设置和试办工商管理专业型硕士研究生学位教育，标志着我国的管理教育从苏联模式向西方现代主流模式演变。

1992 年 1 月至 2 月，邓小平发表重要谈话，提出市场经济不等于资本主义，社会主义也有市场，计划和市场都是经济手段。中国开始建立社会主义市场经济体制，计划经济时代正式宣告结束。

从 1978 年至 1992 年，以邓小平为核心的第二代领导人的管理思想逐渐形成。这一时期我国企业管理已经形成"以实事求是为原则、以目标管理为核心、以民主管理为特点、以法制管理为手段"的比较完整的社会主义企业管理思想体系。

（四）第四个阶段：1993 年至 2011 年社会主义市场经济体制下的企业全面管理现代化改进阶段

1993 年，党的十四届三中全会通过了《中共中央关于建立社会主义市场经济体制若干问题的决定》，从制度上解决了政府与企业的关系问题。为了适应市场经济体制下的企业管理，我国质量管理和质量保证系列标准与国际接轨。

1995 年，党的十四届五中全会再次提出经济体制从传统的计划经济体制向社会主义市场经济体制转变，经济增长方式从粗放型向集约型转变。企业管理的思想、目标、体制和组织都围绕着符合市场经济的要求进行改革和创新。

1996 年，朱镕基发表"管理科学，兴国之道"的讲话。这是我国第一次由国家领导人公开提倡科学管理，并将之提升为"兴国之道"。次年，国务院将管理学列为独立的学科门类，彻底确立了管理学的应有地位。

1997 年，"中国文化与企业管理"国际学术研讨会举办，开启了我国尝试建立"中国管理学"的创新之路。

2001 年，我国正式加入世界贸易组织（WTO），我国企业从此开始必须按照国际惯例经营管理。

2005 年 3 月，全国企业管理创新大会上提出以科学发展观引领管理创新。同年，由李岚清发起成立"复旦管理学杰出贡献奖"，旨在鼓励管理学人才潜心研究，提高中国管理学在国际上的学术地位和影响力。

2010 年，富士康公司发生"13 连跳"事件，引起社会对"新生代员工"管理方式的思考。

2011 年，胡锦涛在清华大学的讲话中提出"积极提升原始创新、集成创新和引进消化吸收再创新能力"。"积极推动协同创新"对富士康事件给予了很好的回应，同时也意味着我国即将开始进入企业管理的又一个时期——中国企业管理新时代。

本阶段我国企业管理的主要特点是：紧紧围绕市场经济体制，引进一些先进的管理方法与国际标准，企业管理理论逐步完善，管理科学得到前所未有的重视，一些结合中国国情的中国式管理理论逐步提出和成熟，具有中国特色的社会主义管理学正在逐渐形成，同时标志着我国企业管理学已经进入了快速成长时期。

### 六、第六个时期：2012 年至今——中国企业管理新时代

这一时期我国企业管理的主要特征是：中国特色市场经济模式彻底取代计划经济，进而走向共享经济模式。企业管理中国惯例、中国标准逐步在国际企业管理中崭露头角。企业管理在这一时期更多地拥有中国符号，标志着中国经济进入了一个新的阶段，发展到了一个新的水平。

2012 年 12 月 12 日，胡锦涛在中央经济工作会议上指出要调整经济结构、管理通胀预期的关系，加快推进经济发展方式转变和经济结构调整，着力扩大国内需求，着力加强自主创新和节能减排，加强原始创新、集成创新和引进消化吸收再创新。

2013 年 12 月 10 日，中共中央总书记习近平在中央经济工作会议上发表了重要讲话。这次讲话振奋人心，其核心思想包括以下四个方面。

（1）提出中国经济发展要围绕全面建成小康社会和实现中华民族伟大复兴的中国梦。

（2）提出全面深化改革从 2014 年开始，无论是实施积极财政政策和稳健货币政策，还是其他各项政策，都要同全面深化改革紧密结合。

（3）提出了陆上丝绸之路经济带建设、21 世纪海上丝绸之路建设，通过丝绸之路加强通道互联互通建设，拉紧相互利益纽带。

（4）提出化解产能过剩的根本出路是创新，包括技术创新、产品创新、组织创新、商业模式创新、市场创新；围绕新思想、新论断、新举措大胆探索、试点先行，找出规律，凝聚共识。

2014 年，习近平在亚太经济合作组织工商领导人峰会开幕式上的演讲中指出："我们全面深化改革，就要激发市场蕴藏的活力。市场活力来自于人，特别是来自于企业家，来自于企业家精神。"2016 年 1 月，习近平主持召开中央财经领导小组第十二次会议，研究供给侧结构性改革方案，并指出其含义是：用改革的办法推进结构调整，减少无效和低端供给，扩大有效和中高端供给，增强供给结构对需求变化的适应性和灵活性，提高全要素生产率，使供给体系更好地适应需求结构变化，实现创新、协调、绿色、开放、共享五大发展理念。

2017 年 10 月，习近平在党的十九大报告中进一步强调："我国经济已由高速增长阶段转向高质量发展阶段，正处在转变发展方式、优化经济结构、转换增长动力的攻关期，建设现代化经济体系是跨越关口的迫切要求和我国发展的战略目标。必须坚持做到质量第一、效益优先，以供给侧结构性改革为主线，推动经济发展质量变革、效率变革、动力变革，提高全要素生产率，着力加快建设实体经济、科技创新、现代金融、人力资源协同发展的产业体系，着力构建市场机制有效、微观主体有活力、宏观调控有度的经济体制，不断增强我国经济创新力和竞争力。"

习近平还在报告中就如何深化供给侧结构性改革，强化实体经济，加快建设制造强国，支持传统产业升级，加强各行业基础设施网络建设，去产能、去库存、去杠杆、降成本、补短板、优化存量资源配置，扩大优质增量供给，实现供需动态平衡，以及激发和保护企业家精神，建设知识型、技能型、创新型劳动者大军，弘扬劳模精神和工匠精神，营造劳动光荣的社会风尚和精益求精的敬业风气等方面予以阐述。从党和国家的高度，从政策和理论上为当前乃至未来我国企业管理指明了方向。

目前，我国企业管理理论体系正在紧紧围绕中国经济全面深化改革，进行了一系列颠覆式创新。中国企业管理专家正在以实现"两个百年中国梦"和中华民族伟大复兴为光荣使命，实现中国特色企业管理学从理论到实践的巨大进步。中国企业管理学也正在逐步实现与国际的全面接轨，继而实现融入全球、共享、绿色的发展目标。具有中国特色的社会主义管理学即将全面形成。中国式企业管理理论、管理学科将得到世界前所未有的重视、首肯与运用。

受封建制度的束缚，一百多年来中国企业管理从前史时期发展到如今的新时代，一路走来非常不易。我国的企业管理人才靠着坚强的意志、勤奋好学的态度、攻坚克难的精神、开拓创新的眼界完成了历史赋予我们的伟大使命。面对新时代的到来，相信中国企业管理一定能够引领世界，最终走向更美好的未来。

# 第三节　儒家哲学与企业管理

孔子继周公道统创立儒家之后，儒家思想成为我国几千年的主流思想。儒家对中国经济、政治、文化产生了深远的影响。新儒学的代表人物冯友兰先生主张把儒家融入时代，为时代的经济、政治、文化发展服务，更为实现中华民族伟大复兴服务。企业是经济发展的主体，同时也是中华民族复兴的主体之一，企业管理也可以从儒家的哲学系统中汲取营养，结合西方优秀的管理科学知识系统，形成新时代中国特色社会主义的企业管理体系。

孔子、孟子、荀子、董仲舒都是古代的儒学大家，本节将根据他们的管理思想，探寻对中国企业管理系统的构建。

## 一、孔子的管理思想

孔子是世界文明轴心时代的中国轴心，是我国第一位使学术民众化、以教育为职业的圣人。

孔子注重直仁忠恕。"人之生也直，罔之生也幸而免。"正直的人内不自欺，外不欺人。正直是管理者一项重要的品质，坦诚沟通、直面问题，才能快速、有效地解决问题。"质胜文则野，文胜质则史。文质彬彬，然后君子。"君子型的管理者要文质彬彬，文质彬彬即中道而行，不可太直，也不可太文。"刚毅木讷，近仁。"管理是项笨功夫，没有太多高招，须扎扎实实做。仁是指同情心，爱人为仁。孝悌爱亲，忠信爱友，泛爱众爱广大员工。要让企业发展的成果惠及每一个员工，增强他们的成就感、幸福感。"克己复礼为仁。"约束自己，使每件事合乎礼。礼是指规章制度。在企业管理中要真正做到仁，须爱人，更须循礼，中道而行。忠是"己欲立而立人，己欲达而达人"。在企业中要擅于培养下属，成就同事、上级，因为他们的成功有助于我们的成功。恕即"己所不欲，勿施于人"。自己不想做的事不要强加给别人，在企业管理中要多站在对方的立场去思考问题，理解对方的立场、做法；在执行规章制度的同时，善于宽恕下属，恩威并施。

孔子对于利、义的观点："既庶矣"，"富之"；"既富矣"，"教之"。孔子并不是不讲利，而是认为利要合义。"君子喻于义，小人喻于利。"君子不仅讲利，更要讲义，义、利相合。义是指民族经济发展，企业符合市场需求的增长，每个员工的获得感。利是指企业利润。只有合义，利才会自然来。小人只讲利，为了追求利润，可以不择手段，甚至不惜违法，最后也会损害利润的获得。在当今世界，义也要合利。德鲁克曾说，企业存在的目的是追求利润，没有利益，甚至没有资本市场的资源配置，经济发展之义很难实现。只有义、利相合，才能实现多方共赢。

## 二、孟子的管理思想

孟子一生的志向是继承孔子的事业，他被称为儒家第二圣。"以力假仁者霸，霸必有大国；以德行仁者王，王不待大——汤以七十里，文王以百里。以力服人者，非心服也，力不赡也；以德服人者，中心悦而诚服也，如七十子之服孔子也。"企业管理，要善于德治，以德服人。管理者需加强自身道德修养，修养达到一定的境界后，就会有感召力，感召下属以德治企。"民为贵。"孟子认为一切制度都是为民所设。在企业管理中，要体现人本思想，人性化管理，充分考量员工的发展要求。"或劳心，或劳力；劳心者治人，劳力者治于人。"在知识型社会，大量劳心工作者出现，要提高劳心工作者的效率，使他们在决策中承担一个积极的角色、智慧的角色和自主性的角色。"恻隐之心，仁之端也；羞恶之心，义之端也；辞让之心，礼之端也；是非之心，智之端也。""人皆有不忍人之心。"恻隐之心、不忍人之心，皆指人性本善。这与西方管理的 Y 理论 [①] 相吻合。在性本善的前提下，管理者要尊重、相信员工，要为他们的工作提供条件、机会，要正面激励和调动员工的积极性，使他们勇于承担工作责任。孟子不主张把个人私欲摆在首位。"仁义而已矣，何必曰利。"孟子主张企业的管理要符合义，义合利至。孟子没有明确利，与他所处的时代有关。在当今社会，应明确强调利，得到利后，可以做更多的有意义的社会事业。孟子哲学的神秘主义，即浩然之气，是个人在最高境界中的精神状态。企业管理要善于教养员工的精神，提升员工的工作效率，以企业的文化保障企业的长远发展。

① Y 理论认为，一般人并不天生厌恶工作，多数人愿意对工作负责，并有相当程度的想象力和创造才能；控制和惩罚不是使人实现企业目标的唯一办法，还可以通过满足职工爱的需要、尊重的需要和自我实现的需要，使个人和组织目标融合一致，达到提高生产率的目的。

### 三、荀子的管理思想

孟子的哲学倾向于唯心论，而荀子的哲学则倾向于唯物论。"今人之性，生而有好利焉，顺是，故争夺生而辞让亡焉；生而有疾恶焉，顺是，故残贼生而忠信亡焉；生而有耳目之欲，有好声色焉，顺是，故淫乱生而礼义文理亡焉。""涂之人百姓，积善而全尽谓之圣人。彼求之而后得，为之而后成，积之而后高，尽之而后圣；故圣人也者，人之所积也。"荀子主张性恶论，这与西方管理的 X 理论 ① 相符合。X 理论认为，由于人性本恶，企业管理以经济报酬来激励员工，只要增加金钱激励，便能取得更高产量。企业要特别重视满足员工的生理和安全需要，同时也要注重负面激励，即惩罚。虽然荀子主张性恶论，但认为人可以通过教育，使之趋向善。金钱激励可以使员工更好、更快地完成目标。惩罚是为了纠正员工不良习气，使之形成好的习惯。与孔子一样，荀子也注重人的行为的外部规范，即注重礼。"人无礼则不生，事无礼则不成，国家无礼则不宁。""法者，治之端也。"要注重企业制度流程的建设，让每个岗位的员工充分参与其中；在讨论阶段合理性大于权威性，在执行阶段权威性大于合理性。中国企业更多是人治，即人情化治理，要慢慢转变到法治加人性化管理；要按制度流程办事，为结果买单；要采用人性化管理，以人为本。"不富无以养民情，不教无以理民性。""养人之欲，给人之求。"在企业管理中，要善于让员工富起来，每季度、每年定期增加员工工资，可以实行月度奖金、年度奖金制度，充分调动员工的积极性。企业可以推行员工持股计划，让企业发展的红利惠及普通员工。企业要善于造就收入标杆员工，形成激励效应。随着企业的发展，企业更要加强员工的教育培训，使员工的思维与收入同步发展。"故上好礼义，尚贤使能，无贪利之心。""安不恤亲疏，不恤贵贱，唯诚能之求。""无德不贵，无能不官。"在企业选用人才上，管理者不管是从内提拔还是从外招聘，都应注意人才的德才兼备、厚德载物，只有这样，企业才可获得长远发展。所以，企业在选用人才时，忌任人唯亲。

### 四、董仲舒的管理思想

在西汉时期，董仲舒为儒者宗。"人之形体，化天数而成；人之血气，化天志而仁；人之德行，化天理而义；人之好恶，化天之暖清；人之喜怒，化天之寒暑。"人副天数，天人合一。在企业管理中，管理者要根据不同时节安排企业的生产经营，要根据不同年龄段做好老壮青员工梯队的衔接工作，让德才兼备的青年人才有发挥的余地，让年老员工老有所养。董仲舒提出性有三品：圣人生来性善，小人生来性恶，中人之性则可善可恶。在企业管理中，管理者应该坚持中人之性论，人性本无善恶，须引导、管理、强化，使员工的行为、习惯趋向善。"仁之法在爱人，不在爱我；义之法在正我，不在正人。"管理者的德治就是要严于

---

① X 理论认为，多数人天生懒惰，尽一切可能逃避工作；多数人没有抱负，宁愿被领导批评、怕负责任，视个人安全高于一切；对多数人必须采取强迫命令、软硬兼施的管理措施。

律己，宽以待人。董仲舒还把仁、义、礼、智、信加以总结系统化，完全可以成为企业管理的儒家系统。

儒家哲学经过后期儒学大家的传承、发展，已经随时代的变化而发展。宋明理学更是把儒学和佛学相结合，自此开辟了新儒学的境界。在习近平主席提出中华民族伟大复兴、文化自信时，我们更应该坚信传统文化仍有时代魅力和价值，儒家的理念和精神价值是可以在新时代企业中展现和开发的，这些管理理念可以促进新时代中国特色社会主义企业管理体系不断地完善和强大。

# 第四节　网络时代的企业管理

在信息化、科技化时代，网络与人们的生活紧密联系，这种创造性的交易手段和通信模式在实践应用的过程之中备受社会各界的好评。许多企业立足于网络时代发展的实施条件，不断地推动管理创新和改革。对此，本节站在宏观的角度，将理论分析与实践研究相结合，对网络时代下的企业管理创新做进一步的分析和研究。

作为企业日常运营的重要组成部分，企业管理所涉及的内容和形式相对比较复杂。在新的时代背景下，企业管理的内容和形式产生了极大的变化，为了促进管理资源的优化配置和利用，企业的管理层和决策层必须综合考虑各类影响要素，了解管理创新的发展要求，主动将创造性的管理策略融入日常管理工作之中，从整体上提升自身的综合实力。

## 一、企业管理核心角色的转变

企业管理是一个系统性的工作，所涉及的内容比较复杂，因此核心角色的有效转变就显得尤为关键。企业的管理人员必须站在时代发展的角度，了解工业时代背景下自身财富和发展战略的实质条件，积极地实现经营权与所有权的有效过渡。学术界和理论界在对企业管理的核心角色进行分析和研究时强调，不同阶段的核心角色差异较大，其中企业市场价值的分析最为关键，因为这一指标是财富资源的重要象征和代表，其中首席执行官（chief executive officer，CEO）、首席财政官（chief finance officer，CFO）和首席信息官（chief information officer，CIO）是整个现代企业管理过程之中的核心角色。不同角色所承担的功能和责任有所不同，在推动企业关于创新的过程之中需要注重角色权限和工作内容的分析和解读，保障后续工作的大力落实，从而更好地体现企业现代化管理创新的发展要求和具体作用。

## 二、企业管理组织的重构

企业管理组织的重构是企业管理创新的重要组成部分。目前，有一部分企业组织仍然以传统的垂直结构为主体，采取自上而下的形式进行分层管理，决策权非常集中，这一点导致信息资源难以实现有效共享，中层管理者扮演着重要的角色。学术界和理论界在对这种传统管理策略进行分析和研究时强调，决策层的高度集中不符合我国市场经济发展的实质条件，难以有效地应对市场条件的变化模式所带来的各类威胁。其中，扁平化的组织结构能够有效地突破这一不足，更好地应对来自时代发展的挑战。企业管理应将管理内容和管理体系的革新相结合，积极地促进人力资源的优化配置，保障组织结构的灵活性、多样性和创造性。另外，在网络时代背景之下，信息技术的广泛应用越来越关键，这一点能够更好地体现组织扁平化管理的作用和优势。

从微观的角度来看，信息时代的到来直接改变了传统的信息传播方式。对于企业来说，在管理创新的过程之中可以结合信息网络构建的实质条件，不断实现基层执行者与高层决策层之间的联系和互动，了解企业的日常经营状况，保障信息的准确性和合理性，主动地构建完善的数据库，保障各个管理实践活动的正常开展。各个部门和分公司也可以在该网络平台之中了解总公司的相关政策，真正地实现上传下达，促进运营和管理效率水平的整体提升。其中，信息网络扮演着重要的角色，中层管理组织可以结合这一体系运作的实质条件，加强不同管理部门之间的联系和互动，更好地体现文化管理的作用和优势，将实质的交易成本控制在有效的范围之内。

### 三、企业运营网络化

企业运营网络化服务和网络时代发展的实质要求能够更好地体现供应商、客户、合作企业和竞争企业之间的内在逻辑联系。如果站在宏观的角度对企业运营的内容和形式进行分析，其实不难发现，在构建企业生态环境的过程之中，不同企业之间的联系和互动非常频繁，只有真正地实现相互交流和紧密联系，才能够保障管理资源的优化配置和利用。其中，互联网技术能够更好地提高交流和合作的高度和水平，实现企业之间的良性互动，按照开放化、连贯化的技术标准体现不同企业的发展目标和发展优势。行业性质和发展地域的分析尤为关键，企业的管理层可以结合大数据技术和网络信息技术，构建一套完善的运营网络体系，保障信息交流的及时性和便捷性，更好地促进管理资源的合理利用和配置。

另外，作为一种全新的企业合作形式，虚拟企业信息技术在实践应用的过程中备受好评，这种信息技术能够体现在时代发展过程中企业管理创新的新要求的核心标准，能更好地体现现代信息技术的指导作用和优势，构建灵活多元的合作网络体系，保障不同的管理组织都能够在其中获得相应的指导和帮助，充分地发挥自身的作用和优势。企业的管理层需要充分考虑不同的影响要素，了解目前管理工作的现实条件，更好地应对生产销售环节所带来的威胁和挑战。其中，生产与营销管理的变革也非常重要。在以互联网为主体加强信息沟通之前，管理工作人员必须注重营销管理和生产模式之间的联系和变革要求，突破传统生产方式的不足和桎梏，以条线管理模式为主体，从整体上提高管理的质量和水平，从而促进管理活动的正常开展。

在高速发展的网络时代，为了企业能够稳固、长远发展，对企业管理层面提出了更高的要求，企业的管理层需要了解不同管理模式的实施条件，分析目前管理工作所存在的不足和缺陷，更好地将创造性的管理策略和管理手段与企业的日常经营工作相联系，充分地开展不同形式的管理实践活动，从整体上提高企业的综合实力。

# 第五节　企业的层级化管理

企业管理是企业的永恒课题，每一个企业管理者都在思考如何管理企业。本节从企业的层级化管理出发，抽丝剥茧地阐述了企业的层级化管理，逐步地讲述了层级化管理的重要性。

## 一、层级化管理的意义

企业以管理为根基，没有良好的管理为基础，企业注定不会长久。一个企业，少则几十人，多则上万人，如何对其进行有效管理，成为管理者需要研究的一个课题。一般的企业都会分层管理。

企业的层级化一般是指组织在纵向结构设计中需要确定的层级数目和有效的管理幅度，需要根据集权化的程度，规定纵向各层级之间的权责关系，最终形成一个能够对内外环境要求做出动态反应的有效组织的结构形式。组织层级化设计的核心内容是确定完成任务需要设定的层级数目，有效的管理幅度是决定中层及数目的最基本要素。管理幅度也称为"组织幅度"，是指组织中、上级主管能够直接有效地指挥和领导的下属数量。这些下属的任务是分担上级主管的管理工作，并将组织任务再进行层层分解，然后付诸实施。

我国有句古话：韩信带兵，多多益善。这是管理的最高层次，不怕人多，有多少人都可以管得了。企业也是如此。目前的大部分企业都是分层管理，管理过程中也分为很多部门，人（人员）、机（机器）、料（原料）、法（方法）、环（环境）等，而管理者也分为高层、中层、基层等。有了层次的分别，管理者才能将几百人甚至成千上万人的企业分门别类，进行分层管理，管理上也更明了、有效。

## 二、层级化管理的优点

### （一）人员分工，提高效率

分工一般是指将企业员工层级化。一般企业的层级划分为基层、中层、高层，也可概括为执行层、管理层、决策层，或者决策层、执行层。一层层地分开，既把人员分开了，同时又把各自的职责分开了。基层的人员负责执行，管理层的人员负责监督管理，决策层的人员负责决策。

例如，有家企业有 65 人，将层级分为总部、分公司、项目部三层。第一分公司 40 人、第二分公司 20 人、第三分公司 5 人。架构搭好了，而人员却不足，分工并没有到位。分好之后，第三分公司就一直称人手不足，而总部一直没有为其配备足够的人员，直接导致第三分公司无法正常开展工作，而划分到第三分公司的项目部也无法接收到正确的指令。一年之后，第三分公司在考核中位列最后一名，最终被取消。此案例中第三分公司失败的根本原因在于公司高层没有做好策划。

因此，有效的分层是层级化管理的前提，只有合理有效的分层，才能真正提高管理能力。

## （二）统一指挥，增强执行力

人员分工会给企业带来管理上的便利。企业一般应建立以最高管理者为首的、集中统一的、高效率的生产经营指挥系统，明确上下级之间的职权关系，形成有层次又连续的指挥链。指挥链中的人员层级清晰、分工明确，只有在分工明确后，才能让员工了解自己在企业中所处的位置，便于工作任务的执行。

企业一般是由决策层下达指令、制定目标、建立决策，而中层管理层接收上级指令并进行分解，基层的执行层负责执行指令。这样便于指令的下达、接收和执行，而人员的分工明确就显得尤为重要。只有分层明确了，员工才能更加明确工作任务和目标。有了任务和目标，工作的目的性就更加明确了，就更能达到完成任务、提高管理水平的目的。

分工的目的在于统一指挥、传达命令、完成任务。只有统一指挥，指令才能畅通传达，才不会出现一盘散沙的局面。面对成千上万人的企业，统一指挥是必须的，只有分工明确，层级清楚，才能统一指挥。企业一般通过合理选择和配备人员，利用科学的计划和健全的组织实行统一指挥，以便政通令行，增强执行力，只有执行力提高了，效率才会更高。企业应建立有效的内部协调机制，依靠及时准确的信息和严密合理的控制，合理配置管理系统的要素，以达到预期的目标。总之，企业应利用一切资源达到目标。

## （三）层级分明，便于管理

组织层级是指从最高的直接主管到最低的基层具体工作人员之间所形成的层次。

将企业员工分出层级，其实就是将众人单元化，分出类别、分出层次，每个层级设置一个或几个管理者，将众人缩减成几个人的小单元，这样管理上就简便了很多，也明确了很多。

分层级也是有要求的。一是要合理。根据企业的实际情况进行合理分层，分两级管理、三级管理或多级管理。二是要人尽其才，合理安排人选。将合适的人用在合适的层级上。三是层级不宜过多。一般企业采用三级管理，层级过多会造成指令不易传达，容易歪曲"上意"，也不便于对下级单位进行管理。

### 三、层级化管理的缺点

#### （一）上级与下级的沟通

在进行层级化管理时，如果上级与下级的沟通不便利，就会造成信息堵塞，出现"令不行，禁不止"的局面。沟通在管理中意义重大，沟通的畅通与否关系到任务的完成效果。

#### （二）人的作用

很多管理标准将人、机、料、法、环分别管理。人在首位，管理需要人，做事情需要人，被管的是人，定制度的还是人，所以人尽其能是一件很不容易的事情，而如果人放错了地方，那么这个层级就会错乱。管理者虽然把这个人放在高管的位置，但是如果他的所作所为还停留在基层人员的意识和层次，而此人又不善于学习，那么他就是才不配位。

#### （三）分工的作用

管理者要将人员分层管理、分类管理，把要素分清楚、分明白。很多企业表面上把人员分开了，实际却很混乱。谁都不知道这个层级该做什么事情，往往部门经理做着员工的工作，甚至高层也在做着员工的工作，那么这样的分层有何意义？

如果决策层、管理层、执行层全乱了套，那么这样的企业注定不会走得长远。

### 四、层级化管理的对策研究

层级化管理是很普遍的企业管理方式，但是将其合理、优化地施行却并不容易。如何将管理的层级化清楚、明白地运用到管理中，还需要细致分析和认真施行。

#### （一）加强上级与下级的沟通

在企业中，一般上级与下级会有明显的级别差异，沟通起来需要一定的技巧，否则容易造成任务的疏漏。上级要主动与下级沟通，这样才会减少下级的疑虑。下级要丢掉"畏上"心理，对于工作上的问题，要及时与上级沟通，这样才能更好地完成工作任务。

#### （二）企业的分工到位

一个企业管理的成功与合理的分工是分不开的。这就要求管理者要淡化主观意识，客观地对企业的部门、基层、项目部进行合理分配，做到因事分工、因管理因素分工，而不要"因人分工"。

#### （三）人员的选择合理

一个企业，不论是高管还是中层，在具体人员选择上，都要尽量"量才而用"，尽量避免"唯亲而用"。从古至今，"任人唯贤"成为用人的客观标准，但在现代化的今天，"任人唯亲"仍然难以消除，一直是企业管理的弊端。

认真考量高层、中层、基层的人员，尽量做到人尽其才，这对于企业来说是一个极其重要的环节，人员选好了，事情才能做得更通畅。

企业管理不是随意管理，也不是任意管理，必须有方法、有规划；人员管理要有层级、有分工，这样的管理才是有效的管理，才能使企业更加欣欣向荣，获得长远的发展。企业的层级化管理也要贴合企业实际，而非人为的"想当然"分层。分层的目的是增强企业管理的有效性，而非增加多余的人工。如何使企业的层级化更有效、更实际、更好地发挥作用，对于每一个企业来说，都有很长的路要走。

# 第六节　企业管理模式与企业管理现代化

我国改革开放四十多年来，经济发展水平不断提高，企业的规模和数量也在不断扩大。特别是随着我国企业经营管理能力的不断提升，现代企业制度也越来越深入人心，企业管理模式发生了深刻的变化，但仍然有一些企业特别是中小企业对企业管理与企业管理现代化的认识不足，导致企业管理工作无法服务于企业战略发展。这就需要企业在开展管理工作的过程中一定要选择符合自身实际的管理模式，并切实加强企业管理现代化建设，努力提升企业管理水平，进而为企业战略发展提供强有力的服务。

本节在对企业管理模式与企业管理现代化进行概述的基础上，重点分析了企业管理模式存在的问题，并就如何推动企业管理模式现代化建设提出了一些有针对性的措施。

## 一、企业管理模式与企业管理现代化概述

### （一）企业管理模式

企业管理模式是指在较长的实践过程中，企业逐步形成并在一定时期内基本固定下来的一系列管理制度、规章、程序、结构和方法。从现代企业管理来看，企业管理模式主要包括供应链管理、优化生产技术、精准生产、准时生产、制造资源计划、企业资源计划等方面。企业管理模式对于企业开展管理工作具有重要的支撑作用，特别是企业通过构建符合自身实际、能够满足管理需要、具有较强特色的管理模式，能够为企业战略发展提供有力的支撑和保障。

### （二）企业管理现代化

企业管理现代化是指依托一定的企业管理模式，学会运用科学的理念和技术，积极推动企业管理工作朝着更具有科学性和系统性的方面发展。企业管理现代化主要包括管理手段现代化、管理控制现代化、管理组织现代化和管理思想现代化等方面。从当前我国企业管理的整体情况来看，在现代企业制度越来越受到诸多企业重视的新形势下，企业管理现代化已经

成为重要的发展方向，而且很多企业已经将企业管理现代化纳入企业战略发展体系当中，不断加大企业管理现代化的投入力度。比如，很多企业不断创新管理思想现代化，构建了相对比较完善的法制与道德观念、人力资源管理观念、适应市场观念、经济效益观念、创新管理观念和战略管理观念等，进而使企业管理工作朝着改革、创新、发展的方向迈进。

## 二、企业管理现代化建设存在的突出问题

### （一）企业管理思想缺乏创新

对于任何企业而言，无论采取什么样的管理模式，在推进企业管理现代化的过程中，都要不断地创新企业管理思想。但是，目前企业在这方面的意识还比较薄弱。尽管很多企业已经建立了现代企业制度，但在具体的实施过程中还存在企业管理思想缺乏创新的问题，特别是战略发展意识不强，企业管理工作在服务企业整体发展战略方面相对比较薄弱。还有一些企业不重视企业的"刚性管理"与"柔性管理"的有效结合，尽管已经制定了很多企业管理制度，但却没有将"以人为本"理念作为重要的管理思想，人性化管理不到位，"全面管理"理念也没有有效落实，企业管理重"管"轻"理"的问题仍然比较突出，这样的企业管理模式距离企业管理现代化仍然有较大的差距。

### （二）企业管理体系缺乏融合

推动企业管理现代化，一定要在现有企业管理模式的基础上，构建科学和完善的现代化管理体系。但是，目前很多企业在这方面相对比较差，特别是企业管理体系缺乏融合性的问题相对比较突出。一些企业在采取供应链管理模式的过程中，对供应链管理模式的理解不够深入，没有建立供应链内各方面的沟通、协调机制，导致供应链管理模式无法发挥其应有的作用。还有一些企业不重视企业管理体系的系统性建设，企业管理相关组织机构和队伍建设不到位，特别是有的企业没有将企业管理与企业生产经营、技术创新、人才建设等紧密结合起来，导致企业管理工作缺乏拓展性，无法为企业战略发展提供持续性服务。

### （三）企业文化建设比较薄弱

对于企业管理现代化来说，至关重要的就是要加强企业文化建设。但是，目前很多企业在企业文化建设方面相对比较薄弱，导致企业管理模式缺乏科学性和创新性。尽管有的企业提出了企业文化的核心价值内容，但与企业的整体发展并不相适应，企业文化建设成为一种"跟风"行为。还有一些企业不重视企业文化管理工作，对于如何建设企业文化、如何发挥企业文化作用、如何丰富和完善企业文化、如何促进企业文化的教育引导功能等缺乏深入的研究和探索，使企业文化成为一种形式主义。还有一些企业对企业文化建设的理解比较肤浅，企业文化缺乏积淀性，而且在开展企业文化教育的过程中，只是机械地要求员工背诵企业文化相关内容，而没有通过开展活动强化企业的凝聚力和向心力。

### （四）企业管理技术比较落后

推动企业管理现代化，一定要在企业管理技术方面进行创新。但是，目前很多企业在管理技术创新方面还没有进行有效的投入和系统设计。很多企业还没有将战略管理作为企业管理的重要方面和目标，企业管理工作仍然停留在浅层次上，缺乏对企业战略发展的有效支撑，企业管理工作甚至出现了弱化的倾向。还有一些企业不重视企业管理信息化建设，在信息化建设方面投入不到位。很多企业还没有构建企业资源计划（enterprise resource planning，ERP）系统，因而对企业资源的整合能力不强。还有一些企业缺乏对电子商务技术的有效应用，而且电子商务技术的拓展性和开放性不强，企业的财务管理工作、市场营销工作、技术创新工作还没有与电子商务进行系统对接，企业管理的针对性仍然不强等，这些问题需要引起企业的重视。

## 三、推进企业管理现代化建设的创新策略

### （一）创新企业管理思想

思想是行动的指南。企业在开展企业管理的过程中，要正确处理企业管理模式与企业管理现代化的关系，无论采取什么样的企业管理模式，都要朝着现代化的方向迈进，特别是要在现代企业制度的基础上，不断创新企业管理思想，努力使企业管理工作更加适应形势发展需要。企业要着眼于为企业战略发展提供支撑，进一步强化企业管理工作的战略性和系统性，将企业管理工作与企业整体发展战略进行有效融合，努力使企业管理领域得到有效拓展，使企业管理层次得到显著提升。企业要将刚性管理与柔性管理紧密结合起来，在进一步健全和完善企业管理制度的基础上，还要高度重视以人为本的管理理念在企业管理工作中的应用。企业要将全面管理纳入企业管理工作当中，从传统的"管"向现代的"理"转型，发挥企业管理工作的多元化功能。

### （二）完善企业管理体系

要把健全和完善企业管理体系作为推动企业管理现代化的重要举措，最大限度地提升企业管理工作的实效性。在具体的实施过程中，企业无论采取什么样的企业管理模式，都一定要重视现代管理体系建设，除了要建立相应的企业管理组织架构，还要进一步强化企业管理模式的适应性。比如，企业在实施供应链管理模式的过程中，要切实发挥自身的积极作用，强化对供应链各个领域、各个环节的管理，并建立相应的协调机制，努力使供应链管理更具有协同性。企业要进一步加强企业管理工作的系统性建设，不能就企业管理开展企业管理，而是要将企业管理与生产经营、技术创新、人才建设等紧密结合起来，强化企业管理的基础性、渗透性和协调性功能，促进企业管理整体水平的提升。

（三）加强企业文化建设

企业要把企业文化建设作为推动企业管理现代化的一项重要内容，积极探索企业文化建设的创新形式。企业要根据企业的经营与发展情况，着眼于提升企业文化的引导性、教育性和凝聚功能，对企业文化进行深入的研究和分析，强化企业管理工作的文化内涵。企业要切实加强企业文化管理工作，将其纳入企业管理体系当中，深入研究企业文化在企业管理中的积极作用，特别是要力戒形式主义，强化企业员工对企业文化的认同感，进而更有效地凝聚广大员工。企业要强化企业文化的功能和作用，还要进一步强化企业管理工作的"文化属性"，加强对员工的教育和引导，特别是要最大限度地提升员工的综合素质，同时还要引导企业员工积极参与企业管理工作，比如可以开展"建言献策"活动，既有利于强化员工的主人翁意识，同时也能够使企业管理形成人人参与的格局。

（四）改进企业管理技术

企业要想适应新时代的发展，就要通过不断改进企业管理技术提升企业管理现代化整体水平。随着企业管理工作范围越来越广，企业要大力加强信息技术在企业管理中的有效应用。企业管理工作具有很强的融合性，因而应当强化信息技术在资源整合、提高效率等诸多方面的积极作用，强化信息技术应用体系建设。比如，企业在开展财务管理工作的过程中，除了加强会计电算化系统建设，还应当根据企业的实际情况，强化财务会计工作与电子商务的有效结合，进而提升财务会计工作效率。再比如，在开展人力资源管理的过程中，可以根据企业发展战略对人才的需要，运用大数据技术对人才现状、未来需求进行有针对性的分析，进而在引进和培育人才方面能够更具有战略性。

综上所述，无论什么样的企业管理模式，都需要企业高度重视管理现代化，特别是要运用多元化的举措和系统性的思维，努力推动企业管理朝着现代化的方向发展。尽管从总体上来看，现代企业制度越来越受到企业的重视，企业管理现代化已经成为企业开展管理工作的重要方向和目标。但在具体的实施过程中，企业管理现代化仍然面临诸多问题，特别是很多企业对企业管理现代化的理解还不够深入，甚至出现了不符合自身发展需要的企业管理模式。这就需要企业在未来开展管理工作的过程中，一定要根据企业自身实际和未来发展需要，将企业管理模式与管理现代化进行有效结合，在选择符合自身实际的企业管理模式的基础上，大力推动企业管理现代化，重点要在创新企业管理思想、完善企业管理体系、加强企业文化建设、改进企业管理技术等诸多方面取得突破，进而努力使企业管理工作步入创新发展的轨道。

# 第二章　企业战略管理创新研究

## 第一节　企业战略及环境分析

从 20 世纪 50 年代中期起，企业战略研究开始成为现代管理学科的一个有机组成部分。特别是进入 20 世纪 60 年代以后，随着社会经济的发展、社会实践的需要和理论研究的深入，尤其是买方市场的形成和石油危机的产生，战略管理才真正成为一门体系完整的学科。企业应逐步在经营中导入战略管理这一基本内容，用以指导企业的经营活动。本节着重介绍企业战略管理创新。

企业战略是指企业在市场经济竞争激烈的环境中，在总结历史经验、调查现状、预测未来的基础上，为谋求生存和发展而做出的长远性、全局性的"谋划或方案"，具有全局性、长远性、纲领性、抗争性、风险性的特征。企业战略管理是指企业为实现战略目标，制定战略决策、实施战略方案、控制战略绩效的一个动态管理过程。企业战略管理是对企业战略的一种"管理"，即对企业的"谋划或方案"的制定、实施、控制，具有高层次性、整体性、动态性。

### 一、企业战略

#### （一）战略管理创新决胜未来

自 20 世纪初期以来，随着科学技术的不断发展和经济全球化的进展，围绕企业管理工作的中心，企业管理经历了几次管理主题的演变，由 19 世纪末至 20 世纪初开始的以生产管理为中心，转变为 20 世纪 30 年代开始的以营销管理为中心，再转变为 20 世纪 50 年代开始的以战略管理为中心。

在以生产管理为主题的时代，由于产品市场供不应求，企业实行的是内部控制式管理方式，把主要精力放在提高内部生产效率上。这时，虽然也出现过某些挑战性的问题，但是当时的企业管理者并不认为会对企业构成威胁，企业还没有谋划未来的需要。但是到了生产管理后期，由于各个企业竞相采用新技术以提高劳动生产率和降低成本，使整个市场出现生产过剩和供过于求的局面，企业才开始意识到不得不面向外部、转向市场。随着生产过剩和供过于求状况的加剧，企业仅靠内部控制式管理已无法应对未来的挑战。于是，企业产生了筹谋未来发展的要求和行动，采取了推断式的管理方式，如目标管理、预算管理和长远计划等。然而，当时的长远计划是建立在未来可以根据历史推断的假设基础上的，完全依靠历史的推断来确定企业未来的目标和行动，并以此来应付环境的变化。显然，这还不是对企业未来发展的科学谋划，企业管理的主题只是由生产管理转向营销管理。

从20世纪50年代开始，企业外部形成了一种特别庞大的、复杂的、不熟悉的、变化频繁的、难以预料的环境，使企业经常面临着许多严峻的挑战。此时，企业仅依靠推断型的管理再也不能保证自己的生存和未来的发展了，而必须对新的环境进行深入分析，采用新的管理方式来谋求企业的生存和发展。在这个时代，企业管理的某种失误所导致的不仅仅是经营成果上的损失，同时还要面对生死存亡。正是在这样艰苦的背景下，企业管理转向以战略管理为主题，进入战略管理的时代。战略管理时代的来临，意味着企业管理的一切工作都应纳入战略管理的框架之下。企业只有强化战略管理意识，按照战略管理的思维和方法管理企业，才能适应时代发展的要求，才能管理好企业。不重视战略管理的企业，不仅很难实现企业的持续发展，而且在环境急剧变化的条件下，随时有可能遭到淘汰。

企业战略的概念最早由美国学者伊戈尔·安索夫提出。伊戈尔·安索夫在1965年出版的《企业战略论》一书中，第一次对企业战略做出科学的概念界定。1972年，伊戈尔·安索夫在美国的《企业经营政策》杂志上发表了"战略管理思想"一文，正式提出了"战略管理"的概念，为后来企业战略管理理论和学科发展奠定了基础。从此以后，企业管理领域开始使用"企业战略"一词。之后，伊戈尔·安索夫又于1979年和1984年分别出版了《战略经营论》和《树立战略经营》，形成了比较系统、成熟的战略经营思想和理论。现在一般认为，战略管理是指对一个企业或组织在一定时期的全局的、长远的发展方向、目标、任务和政策，以及资源调配做出的决策和管理艺术。企业战略管理理论在西方市场经济国家的企业，特别是在大型企业中已经非常流行。

战略管理创新是企业管理创新的重要内容。我国加入世界贸易组织以后，国有企业尤其是大中型国有企业将要面对的不仅仅是国内市场，更要面对统一、开放、竞争形势瞬息万变的国际市场。现代社会生产力的发展和国际政治关系的发展导致当今世界的政治、经济格局日益多极化，形势日益复杂化。而战略管理创新以其长期性、系统性和全局性体现了动态管理的要求。如果说传统产业下的战略是以系统化的管理和实施为本意，那么信息时代的战略则在此基础上融入了创新的灵魂——战略就是创新。在创新的基础上，谁找到并实施了适应未来的战略，谁就将是最大的受益者。

**（二）战略管理的主要内容**

**1.战略管理和经营管理**

一般而言，企业经营管理是生产管理的延伸和发展，是对与外部环境相关的重大问题所进行的策划、协调、控制等管理活动的总称。而战略管理也可以看作经营管理的延伸和发展，是指企业高层管理者对企业内部和外部条件进行综合分析，确定企业未来的发展方针、制定战略方案，并实施这一方案的过程。图2-1所示为生产管理、经营管理和战略管理的关系图。

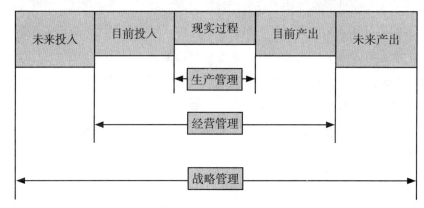

图2-1　生产管理、经营管理和战略管理关系图

经营管理是对企业目前投入、目前产出进行控制、安排的活动，而战略管理则侧重于对未来投入、未来产出活动进行谋划。这两者都是要处理企业与外部环境之间的关系。经营管理着重依据已有的生产要素的投入、产出计划，调整现实环境变化与企业投入、产出计划的关系，使这种计划得以落实。而战略管理则侧重于对没有现成计划、经验可以遵循的未来环境进行分析，以确定企业未来生产要素的投入与产出的平衡关系。因此，可以说经营管理是解决现实的、现存的问题，而战略管理是策划、谋划未来的发展方向。

**2.企业战略层次**

战略包括组织长远的、全局的目标，以及组织为实现目标在不同阶段实施的不同的方针和对策。一般战略所要关注的问题为：一是有关组织的整体和全局的问题，核心是研究关系组织发展全局的指导规律；二是战略的着眼点不是当前而是长远的未来，是在正确认识过去和现在的基础上，科学预见、谋划未来的发展趋势；三是问题的层次性，可分为企业层战略、经营层战略和职能战略三个层次。企业层战略是企业高级管理部门为实现企业目标而为整个企业制订的方向和计划，主要是为了合理安排企业所有业务种类的关系，实现企业这个层次的目标，保证企业总体战略利益的实现。经营层战略适用于按产品类型设置的各个分部和事业部，即战略经营单位，目的是提高某一分部在其所处的行业或市场中的竞争优势。职能战略的重点是最大限度地利用资源去提高管理的效率。职能战略通常包括生产战略、营销战略、财务战略、人力资源战略和研究开发战略等。

3.战略管理过程

战略管理是确立企业使命，根据企业内部环境和外部经营要素设定企业组织目标，保证目标落实并使企业使命最终得以实现的动态过程，包括战略分析、战略制定和战略实施控制环节。这三个环节既相互联系又有区别，忽视其中任何一个环节都不能获得有效的战略管理。

（1）战略分析是指对影响企业现在和未来生存和发展的一些关键因素进行分析。战略分析主要包括外部环境分析和内部环境分析。通过外部环境分析，企业可以明确自身面临的机会与威胁，从而决定企业应该选择做什么；通过内部环境分析，企业可以很好地认识自身的优势与劣势，从而决定企业能够做什么，最后通过战略分析确定企业的目标和使命。

（2）战略制定通常分为三个部分：一是战略方案的产生，即构想可能的战略方案；二是战略方案的评价，即利用某些方法对战略方案的适应性、可行性进行评价；三是战略的选择，即综合判定各方案的优劣，选择满意的战略方案。

（3）战略实施控制就是将战略方案转化为战略行动，通过编制各种计划将战略方案具体化，主要涉及以下几个方面。一是资源配置，这是实施战略的重要手段；二是组织结构设置，这是战略实施的保证；三是战略实施的控制。

## 二、企业外部环境分析

环境是机会与风险的统一体。企业战略的制定、实施和考核的过程是对环境分析和利用的过程，是发现和利用机会回避风险的过程。环境分析是战略制定的起点。外部环境分析主要是指认识外部环境对企业的机遇与威胁，以及企业在产业中的竞争位势——优势是什么？劣势是什么？

企业的外部环境分析主要包括宏观环境分析、产业环境分析、竞争环境分析。

### （一）宏观环境分析

宏观环境分析是指那些不直接影响公司短期行为，但对长期决策有影响的一般力量，包括政治和法律力量（political，P）、经济力量（economic，E）、社会文化力量（social，S）、技术力量（technological，T），这四项也就是我们通常所说的 PEST 分析模型的内容。

1.政治和法律力量

通常影响企业的政治、法律方面的因素有：政府政策的稳定性，税率和税法的变化，企业法、雇佣法、反垄断法、广告法、环保法、关税、专利法的改变，政治运动，国防（军费）开支，进出口政策，政府预算和货币改革，各地方政府的特殊法律规定，对外国企业的态度，等等。

2.经济力量

共有 27 项经济因素的变化可能给企业带来机会或威胁。核心的经济因素有六大部分：一是国家宏观经济政策、国民经济发展趋势、三大产业之间的比重和关系、通货膨胀率、利率的水平和价格政策；二是国民适应经济变化的行为，即失业水平、居民的平均收入、消费与储蓄的比例关系、地区和消费群体的差距；三是金融政策、货币政策、本国货币在国际金融市场上的价值、银行信贷的方便程度、股票市场的动向；四是对外经济贸易政策，即进出口情况、劳动力和资本输出的变化；五是财政政策，即政府的赤字预算、税收政策和外债的承受能力；六是国际经济的影响，即欧洲共同体、北美贸易自由区政策，最不发达国家联盟的经济政策，亚洲经济的高速发展，石油输出国组织的政策等。

3. 社会文化力量

影响企业战略的社会、文化、环境和人口方面的变量多达 34 项，但主要的因素可分为四部分：一是社会因素，即家庭结构的变化、离婚率的提高、单亲家庭的增加、儿童成长和保健的状况、社会责任感；二是文化因素，即人们的价值观、风土人情、风俗习惯、文化传统的行为准则、劳动者的受教育水平、对工作的态度变化、职业分布的变化；三是人口因素，即社会老龄化的问题、人口在民族和性别上的比例变化、人口和地区再教育水平和生活方式的差异；四是环境因素，即对自然环境的保护、废品再利用政策、水和空气污染、生态平衡、土地沙漠化等问题。

4. 技术力量

随着科学技术的高速发展，在当今社会中，计算机的广泛应用，国际互联网的高速发展以及机器人工厂、高效药物、太空通信、激光技术、卫星通信网络、光导纤维、生物工程和生命工程等革命性的技术变化已经给企业的生产过程和生产技术带来了巨大影响。技术革新更是对企业的产品、服务、顾客和市场销售手段等产生了极大的影响。

（二）产业环境分析

产业就是指一群提供类似产品或服务的公司，例如金融服务产业或无酒精饮料产业。产业环境的分析主要包括两个方面：一是该产业中竞争的性质和该产业中所具有的潜在利润；二是该产业内部企业之间在经营上的差异以及这些差异与它们战略地位的关系，即产业内分析。分析前者的常用工具是迈克尔·波特提出的"五种力量模型"，即竞争厂商之间的竞争角逐、潜在竞争者的进入能力、替代品的竞争压力、供应商的谈判能力和购买者的谈判能力。但我们认为该模型忽略了政府、债权人、厂商以及其他群体对企业经营活动的影响，所以把"其他利益相关者"这一力量加入该模型，把该模型发展为"六种力量模型"。分析后者的常用工具是战略集团分析。

1. 六种力量模型

（1）竞争厂商之间的竞争角逐。厂商之间的竞争是五种力量中最强大的。为了赢得市场地位和市场份额，竞争厂商通常不惜代价。产业不同，竞争的焦点、核心也不同。在有些产业中，竞争的核心是价格。而在有些产业中，价格竞争很弱，竞争的核心在于产品或服务的特色、新产品革新、质量和耐用度、保修、售后服务、品牌形象等。

竞争可能是友好的，也可能是暴力的，这完全取决于公司采取的竞争手段对于盈利水平的行动频率和攻击性程度。一般而言，产业中的竞争厂商都善于在自己的产品上增加新的特色以提高对客户的吸引力，同时毫不松懈地挖掘其他竞争者的市场弱点。

竞争厂商之间的竞争是一个动态的、不断变化的过程。竞争不但有强弱之分，而且各厂家对价格、质量、性能特色、客户服务、保修、广告、分销网络、新产品革新等因素的相对重视程度也会随时间不同而发生变化。

以下因素可以引起竞争加剧：一是当一家或几家竞争厂商看到了一个能更好地满足客户需求的机会或出于改善产品性能时，竞争就会变得更加激烈；二是当竞争厂商的数目增加时，当竞争厂商在规模和能力方面相抗衡的程度提高时，竞争会加剧；三是当产品的需求增长缓慢时，竞争的强度通常会加剧；四是当产业环境迫使竞争厂商降价或使用其他竞争策略增加产量时，竞争会加剧；五是当客户转换品牌的成本较低时，竞争会加剧；六是当一个或几个竞争厂商不满足于现有市场地位，从而采取有损其竞争对手的行动加强自己的竞争地位时，竞争会加剧；七是当退出某项业务比继续经营下去的成本高时，竞争会加剧；八是当产业之外的公司并购本产业的弱小公司，并采取积极的、以雄厚资金为后盾的行动，试图将其新购并的厂商变成主要的市场竞争者时，竞争一定会加剧。

评估竞争的激烈程度，关键是准确判断公司间的竞争会给盈利能力带来多大的压力。如果竞争行动降低了产业的利润水平，那么可以认为竞争是激烈的；如果绝大多数厂商的利润都达到了可以接受的水平，那么可以认为竞争为一般程度；如果产业中的绝大多数厂商都可以获得超过平均水平的投资回报，那么可以认为竞争是比较弱的，且具有一定的吸引力。

（2）潜在的进入者。一个市场的新进入者往往会带来新的生产能力和资源，希望能够在市场上占有一席之地。对于特定的市场来说，新进入者所面临的竞争威胁来自进入市场壁垒和现有厂商对其做出的反应。一旦新进入者很难打开这个市场或市场的经济因素使得潜在进入者处于劣势，进入市场的壁垒就产生了。进入市场的壁垒有以下几种：规模经济、不能获得的关键技术和专业技能、品牌偏好和客户忠诚度、资源要求、与规模经济无关的成本劣势、分销渠道、政府政策、关税及国际贸易方面的限制。进入市场壁垒的高低取决于潜在进入者所拥有的资源和能力。除了进入壁垒，新进入者还要面对现有厂商做出的反应，例如现有厂商是只做出一些消极抵抗，还是会通过诸如降价、加大广告力度、改善产品以及其他措施来捍卫其市场地位。如果产业中原有财力强大的厂商发出明显的信号，要捍卫其市场，或者原有厂商通过分销商和客户群创造某种优势来维护其业务，那么潜在的进入者须慎重行事。

检验潜在的进入者是不是一个强大的竞争力量的最好方式，就是看产业的成长和利润前景是不是有足够的吸引力吸引额外的进入者。如果答案是否定的，那么潜在进入的就是一种弱势的竞争力量；相反，如果答案是肯定的，且存在合格的厂商，这些厂商拥有足够的技能和资源，那么潜在的进入就增加了市场上的竞争压力，现有厂商就会被迫提升自己的地位，抵御新进入者。

（3）替代品的竞争压力。某个产业的竞争厂商常常会因为另外一个产业的厂商能够生产很好的替代品而面临竞争。比如，玻璃瓶生产商会受到来自塑料瓶和金属罐厂商的竞争压力。来自替代品的竞争压力的强度取决于三个方面：一是是否可以获得价格上有吸引力的替代品。容易获得并且价格上有吸引力的替代品往往会产生竞争压力。如果替代品的价格比产业产品的价格低，那么产业中的竞争厂商就会遭遇降价的竞争压力；二是在质量、性能和其他一些重要的属性方面的满意度如何。替代品的易获得性不可避免地刺激客户去比较彼此的质量、性能和价格，这种压力迫使产业中的厂商加强攻势，努力说服购买者相信他们的产品有着卓越的品质和有益的性能；三是购买者转向替代品的难度和成本。最常见的转换成本有可能的额外价格、可能的设备成本、测试替代品质量和可靠性的时间和成本、断绝原有供应关系建立新供应关系的成本、转换时获得技术帮助的成本、员工培训成本等。如果转换成本很高，那么在替代品的生产上就必须提供某种重要的成本或性能利益来诱惑原来产业的客户脱离老关系。

因此，一般来说，替代品的价格越低，替代品的质量和性能就越高；购买者的转换成本越低，替代品所带来的竞争压力就越大。

（4）供应商的谈判能力。供应商是一个弱势竞争力量，也是一个强势竞争力量，取决于其所在的产业的市场条件和所提供产品的重要性。如果供应商所提供的是一种标准产品，可以通过开放市场由大量具有巨大生产能力的供应商提供，那么与供应商相关的竞争压力就会很小，购买者可以很容易地从一系列有一定生产能力的供应商那里获得所需的一切供应，甚至可能从几家供应商那里分批购买以推动订单竞争。通常在这种情况下，只有当供应出现紧缺而购买者又急于保证供应时，供应商才会拥有某种市场权利。如果有很好的替代品，而购买者的供应转换既无难度，代价又不高，那么供应商的谈判地位就会处于劣势。

如果供应商所获得产业是其大客户的话，那么供应商通常在产品供应的价格及其他项目上也会随之减少，在这种情况下，供应商的利益往往同其大客户的利益息息相关。因此，供应商往往有着一种强大的动力，即通过提供合理的价格、卓越的质量以及推进其所提供产品的技术和性能进步来保护和提高客户的竞争力。

如果供应商所提供的产品占其下游产业产品的成本的比例很大，从而对该产业的产品生产过程又起着至关重要的作用，或对该产业产品的质量有着明显的影响，那么供应商就会拥有很大的市场权利。当少数几家供应商控制供货产品从而拥有定价优势时，尤其如此。同样，购买者转向替代品的难度越大或者成本越高，供应商的谈判优势就越明显。

一旦供应商拥有足够的谈判权，在定价、所供应的产品的质量和性能、交货的可靠度上有很大的优势时，就会成为一种强大的竞争力量。

（5）购买者的谈判能力。如果购买者能够在价格、质量、服务或其他的销售条款上拥有一定的谈判优势，那么购买者就会成为一种强大的竞争力量。

一般来说，大批量采购会使购买者拥有相当大的优势，从而可以获得价格折让和其他一些有利的条款。零售商常常在产品采购时占有谈判优势，因为制造商需要扩大零售覆盖面和争取有利的货架空间。由于零售商可能储存一个或几个品牌的产品，但从来不会储存市场上所有可以买到的品牌，所以厂商为了争取那些颇受大众青睐或大批量零售商的生意而展开竞争，这样就会给零售商创造明显的谈判优势。

即使购买者的采购量并不大，或者也不能给卖方厂商带来重要的市场或某种声誉，购买者在下列情形仍然有一定程度的谈判优势：一是购买者转向竞争品牌或替代品的成本相对较低。一旦购买者拥有较高的灵活性，可以转换品牌或者可以从几家厂商采购，就拥有了很大的谈判空间。如果产品之间没有差别性或差别性很小，则转换品牌就相对容易，付出的成本就很小；二是购买者的数量越小，厂商再失去已有的客户去寻找替代客户就越不容易。为了不丢失客户，厂商更加愿意给予某种折让或优惠。购买者对厂商的产品、价格和成本所拥有的信息越多，所处的地位就越强。如果购买者向后整合到卖方厂商业务领域的威胁越大，则所获得的谈判优势就越大。

（6）利益相关者的影响。除了迈克尔·波特所说的五种力量，政府机构以及企业的股东、债权人、工会组织等其他利益相关者群体对产业竞争的性质与获利能力也有直接的影响，由此便形成了影响产业环境的"六种力量模型"。这些利益相关者的影响程度因产业而异，其中政府对竞争的影响有以下四方面：一是政府可能设立产业进入壁垒；二是政府可作为买方或供方；三是政府制定法律法规；四是政府提高一些政策影响产业相当于替代品的处境。

2.产业内战略集团分析

战略集团是指产业中在某一战略方面，遵循着同样或类似战略的公司群体。同一战略集团内部的竞争会比不同战略集团的竞争更加激烈。产业内战略集团的分析是按照产业内各企业战略地位的差别把企业划分成不同的战略集团，并分析各集团间的相互关系和集团内的企业关系，从而进一步认识产业及其竞争状况。

一个产业内的企业在战略上会有许多共同点，但也会有许多不同点。战略的不同点主要表现在以下几个方面：一是纵向一体化的程度不同。有的企业自己生产原材料和零部件，有的企业则完全需要从外部采购，有的企业有属于自己的销售渠道和网点，有的企业则全靠批发商和零售商；二是专业化程度不同。有的企业只经营某一种产品和服务项目，有的企业则生产多品种多规格的产品和服务，有的企业甚至是跨产业经营；三是研究开发重点不同。有的企业注重争取开发新产品的领导地位，不断投放新产品，有的企业把研发重点放在生产技术上，力争在质量和成本上取得优势；四是营销的重点不同。有的企业重视维持高价产品，有的企业则采取低价策略展开竞争，有的企业特别重视对最终用户的推销活动，有的企业主要以为销售者提供服务来巩固和扩大流通渠道。

在上述一个或几个方面的战略的不同，必然引起企业在产业中的地位的不同。相同战略、相同地位企业的结合，就形成了战略集团。要了解战略集团的性质、特点，需要分析某个战略集团的地位，一般采用战略集团分析图。战略集团的分析步骤如下：① 分别用两个战略变量作为横轴和竖轴，在一个二维图上画出某个产业的竞争者的相对市场位置，就可以把该产业的战略集团图标示出来；② 选择两个比较显著的特征，例如纵向一体化程度和品种齐全程度，把该产业的公司相互区分开；③ 运用这两个特征作为变量，在图上定位各公司；④ 把那些相邻的公司圈起来，作为一个战略集团，圆圈的大小与该战略集团占产业总销售额的份额成正比。如此便可绘出战略集团分析图（见图2-2），其中 A 集团：丰富的产品品种、高度纵向一体化、成本低、中等质量；B 集团：单调的产品品种、低度纵向一体化、高成本、高质量、高技术水平；C 集团：品种齐全程度和纵向一体化程度都是中等，中等价格、质量低、服务质量高；D 集团：单调的产品品种、高度纵向一体化、成本低、价格低、服务水平低。

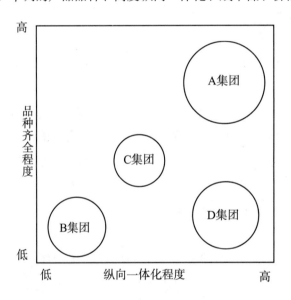

图2-2　企业战略集团分析图

战略集团作为一种分析工具，既不同于产业整体分析方法，也不同于单个企业的个别分析法，而是介于两者之间。运用战略集团分析，可以使企业很好地了解战略集团的竞争状况以及某一个集团与其他集团的差异点所在；可以帮助企业预测市场变化以及更快发现新的战略机会，揭示不同战略集团之间演变的难点与障碍所在。

战略集团间的抗衡程度是由许多因素决定的。一般来说，各战略集团的市场占有率相同，而经营战略却很不相同，集团间的抗衡就会激烈；或各战略集团的目标是同一类顾客，其战略差异越大，集团间的抗衡就会越激烈；一个产业内战略集团越多，集团的对抗也就会越激烈。如果一个产业中虽然有不少战略集团，但其中少数战略集团处于领导地位，并且市场占有率很高，则这个产业战略集团间的对抗就不会激烈。

在战略集团内部同样存在着竞争，这主要是由于各企业的优势不同所造成的。在一个战略集团内，各企业会有生产规模和能力上的差别，如果一个战略集团的经济效益主要取决于产量规模，那么规模大的企业就会处于优势地位；另外，如果同一战略集团内的企业虽然常常采用相同的战略，但各企业的战略实施能力是不同的，即在管理能力、生产技术和研究开发能力、销售能力等方面是有差别的，则能力强者就会占据优势。

### （三）竞争环境分析

竞争环境分析是战略外部环境分析中的微观分析，主要是对竞争对手进行分析。正所谓"知己知彼，百战不殆"，分析竞争对手是制定企业战略的关键。

根据迈克尔·波特对竞争对手的分析模型，对竞争对手的分析有四个诊断要素：竞争对手的未来目标（长远目标）、现行战略、自我假设、潜在能力。

判断竞争对手行为常用的工具是市场信号，它是指竞争对手任何直接或间接地表明其战略意图、动机、目标、内部资源配置、组织及人事变动、技术及产品开发、销售举措及市场领域变化的活动信息。事前预告、事后宣告、竞争对手对产业的公开讨论、竞争对手对自己行动的讨论和解释、比较竞争对手采用的竞争方式、交叉回避等都是比较重要的市场信号。

市场信号可能反映了竞争对手的真实意图、动机和目标，也有可能是虚张声势、声东击西，因此学会辨别信号的真伪是非常重要的。可以通过考察信号与行动是否一致、利用竞争对手的历史资料来判别市场信号的真伪。为此，研究竞争者不仅需要长期艰苦细致的工作和准确的资料来源渠道，而且还需要建立保障信息效率的组织机构——竞争者信息系统。大多数公司都依赖外部组织提供环境数据，有些公司采用工业间谍或其他情报收集手段直接获取竞争对手的信息。

### 三、企业内部环境分析

一般来讲，企业内部环境是由企业内部的技术、能力、资源、组织结构、企业文化和企业管理状况等要素组成的统一体。作为企业总体环境的一部分，这些要素制约着企业战略的形成与实施。因此，企业在制定战略之前，必须了解企业内部环境以及由此而形成的企业的优势和劣势，以便可以有效地控制企业战略发展方向和战略经营活动。企业内部环境分析主要包括资源分析和竞争优势分析两个方面的内容。

### （一）资源分析

经营资源可以理解为能够给企业带来竞争优势或劣势的任何要素，是企业从事生产活动或提供服务所需人、财、物、技术和组织管理等方面的能力和条件。它既包括那些看得见、摸得着的有形资源，如企业雇员、厂房、设备、资金等，同时也包括那些看不见、摸不着的无形资源，如专利权、品牌、企业文化等。经营资源是企业竞争优势的根本源泉。企业制定计划进行战略管理，实际上就是要在竞争市场上为企业寻求一个能够充分利用自身资源的合适地位。

对企业经营资源进行分析的一个常用工具是迈克尔·波特提出的价值链分析。

1. 企业价值链分析

企业价值链是一系列价值创造活动的集合。它从来自供应商的原材料开始，经过产品和服务的生产和营销等增值活动，直至分销售商把最终产品送到最终用户手中。价值链分析的核心是要在价值创造活动的整个链条上来考察公司。

价值链分析的重点在于价值活动分析。价值活动可以分为两大类：基本活动和辅助活动。基本活动是指涉及产品的物质创造及其销售、转移给买方和售后服务的各种活动，主要包括进货后勤、生产作业、发货后勤、市场营销、服务。辅助活动是指辅助基本活动并通过提供外购投入、技术、人力资源以及各种公司范围内的职能以相互支持，主要包括采购、研究开发、人力资源管理、企业基础实施。价值链的各项活动之间是紧密联系的，恰恰是这种联系形成了企业竞争优势，而各项活动对企业竞争优势的形成所起的作用不同。企业内部条件分析就是要抓住企业价值链中的关键环节仔细进行分析，以此找到企业竞争的优势和劣势。

竞争优势来源于企业在设计、生产、营销、交货等过程及辅助过程中许多独立的活动。企业的产品最终将成为买方价值链构成的一部分。如果企业所得的价值超过创造产品所花费的成本就有利润。如果企业的成本低于对手就有竞争优势。企业通过价值链分析缔造核心能力，很少有哪一个企业能够单独完成全部的价值活动，这就需要进行专业分工，需要进行外包。外包是企业从外部供应商购买活动的战略选择。企业常常需要向外部的专业供应商购买部分价值创造活动，因为外部供应商可以高效、迅速地完成这些职能。公司每一类产品都有自己不同的价值链。因为大多数公司都提供几类不同的产品和服务，所以企业内部分析就要涉及一系列不同的价值链。竞争者价值链之间的差异是竞争优势的重要来源。

企业价值链分析步骤如下：①从生产产品或服务的所有活动中分析每种产品的价值链，并找出哪些活动是优势，哪些活动是劣势；②分析各产品价值链的内部"关联"。关联就是一个价值活动（比如营销）执行方式与另一个价值活动（比如质量控制）成本之间的关系；③分析不同产品或事业部价值链之间的融合潜力。

2. 整个行业的价值链体系

当今企业的价值链是镶嵌在更大范围的产业价值系统中的，整个产业价值系统包括提供投入品的供应商、分销渠道和购买者。因此，一个公司的成本竞争力不仅取决于该公司的内部活动，而且还取决于供应商和前向渠道联盟的价值链中的成本。也就是说，价值链内在的联系是公司价值活动的重点，但要实现预期的价值目标就必须考虑公司外部的价值链、供应商价值链、企业价值链、分销渠道价值链。

产业价值链一般都可以分为上游和下游两段。上游供应商的价值链有着重要的意义，这是因为供应商在创造和供应公司所购买的用于自己的价值链之中的生产投入时，既要开展一定的活动还要承担活动成本，这些生产投入的成本和质量影响着公司自己的成本或差异化能力。公司为降低供应商的成本或提高供应商的有效性而采取的一切行动都将增加其竞争力——这是公司要同供应商紧密合作或结成伙伴关系的强大理由。下游渠道的价值链之所以重要，是因为下游公司的成本和利润是最终用户所支付的价格的一部分，前向渠道联盟所开展的活动会影响最终用户的满意度。这也说明公司必须同前向渠道联盟进行紧密合作，改造或者重新设计价值链，以提高共同竞争力。

在分析一个产品的完整价值链时，即使一个企业在整个产业价值链上经营，它通常也在自己的主要活动上有最大专长。公司的重心就是对公司最重要的这部分价值链，也正是在这部分价值链上，公司拥有最大专长和能力，即核心能力。

## （二）竞争优势分析

关于企业战略内部决定的理论存在两个学派——资源学派和能力学派。

### 1. 资源学派

资源学派认为，各企业之间的资源具有很大的差异性，而且不能完全自由流动。当一个企业拥有一种竞争对手所不具有的特殊资源时，这种特殊资源就可能会为企业带来潜在的比较优势。因此，企业战略管理的主要任务是如何最大限度培育独特的战略资源，以及优化配置这种资源的独特能力。核心能力的形成需要企业不断积累制定战略所需的各种资源。只有核心能力达到一定水准后，企业才能通过各种整合形成自己独特、不可模仿的战略资源。

美国著名资源学派企业战略家格兰特提出一套以资源为基础的五步战略分析方法：①识别企业资源，把它们划为优势和劣势两类；②把公司优势组合成特殊能力，这些核心能力即公司能够做得极好的事情（优于竞争对手的核心能力）；③从潜在持续竞争优势和公司运用这些资源、能力获取利润的能力等各方面评价这些资源和能力的获利潜力；④选择开发与外部机会有关的企业资源和能力的最佳战略；⑤识别资源差距，并且改进劣势投资。

### 2. 能力学派

能力学派认为核心能力是指居于核心地位并能产生竞争优势的要素作用力，具体地说是组织的集体学习能力和集体知识。企业战略的核心不是产品和市场结构，而是行动反应能力。企业要想获得竞争优势，必须要在核心能力、核心技术、核心产品和最终品牌上取胜。

由上可知，资源学派认为企业战略内部的决定要素是独特的资源，而能力学派则认为是核心能力。虽然两学派在对于企业战略内部决定要素上持不同的观点，但是他们都是围绕构造企业竞争优势而展开的。企业资源或能力要成为产生竞争优势的核心资源或能力必须满足以下条件：①这种资源和能力必须是稀缺的；②这种资源和能力应当成为顾客可感知的价值，如果这种资源和能力并不为顾客所感知，那么它们也不会成为竞争优势；③这种资源或能力在不同公司之间的可转移性差，如果一个企业的竞争对手很容易获得模仿其战略所需要的资源和能力，那么该企业的竞争优势就难以持久；④上述这种资源和能力较多地体现在企业的人才资本上，企业只有具有优秀的人才，才能不断地创造新的优势。

企业如果要在较长时期内维持其竞争优势，则企业竞争优势必须有可持续性。尽管各公司的核心资源或能力的表现形式都有所差异，但衡量和评价核心资源或能力能否形成可持续竞争优势的标准是相同的——耐久性和可模仿性。耐久性是指公司的资源与能力（核心能力）折旧或过时的速度；可模仿性是指公司的资源与能力（核心能力）被其他公司复制的速度。三个要素决定着资源或能力的可模仿性，即透明性、可转移性和可复现性。透明性是指其他公司理解支持企业战略成功的资源与能力之间的关系的速度；可转移性是指竞争者集结必要的资源与能力支持竞争性挑战的能力；可复现性是指竞争者运用复制的资源与能力模仿其他企业成功的能力。

相对来讲，企业的优秀人才、企业文化、企业信誉及知名度、企业组织机构及其他特有资源等是能够在比较长时期内维持其竞争优势的。而优秀人才的使用、企业组织机构、企业文化等都与企业的具体情况紧密联系，企业要根据自己的实际情况来进一步发挥适合自己企业的竞争优势。

格兰特等人的研究进一步认为，任何企业都不可能在所有资源类型中都拥有绝对优势，即使同一资源在不同企业中也表现出极强的异质性，这就构成了企业资源互补融合的物质基础。特别是某些异质性资源已经固化在企业组织内部，不可能完全流动交易，如独特的生产工艺、R&D（research and development，研究与开发）能力、营销渠道、市场经验、知名品牌等无形资源，不便通过市场交易直接获取。要获取对方的这些独特的资源，就必须通过与之建立起合作关系，以实现双方的共享和互补。

# 第二节　企业战略创新研究

## 一、战略管理工具创新

多数企业同时经营多项业务，其中有"明日黄花"，同时也有"明日之星"。为了使企业的发展能够与千变万化的市场机会进行切实可行的融合，就必须合理地在各项业务之间分配资源。在此过程中，不能仅凭感觉，认为哪项业务有前途就将资源投向哪里，而是应该由潜在利润分析各项业务在企业中所处的地位来决定。组合分析是很多业务公司在制定公司战略时最受欢迎的工具之一。在组合分析中，高层管理人员把所有产品线和事业部视为一系列投资，期望获得利润回报。波士顿（boston consulting group，BCG）矩阵、通用电气公司（general electric company，GE）矩阵、产品／市场演变（（product market evolution，PME）矩阵是应用最为广泛的三种业务分析方法。

## （一）波士顿矩阵

波士顿咨询集团是世界著名的一流管理咨询公司，在 1970 年创立并推广了"市场增长率—相对市场份额矩阵"的投资组合分析方法（见图 2-3）。

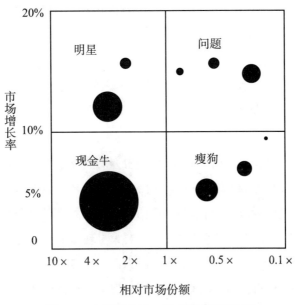

图2-3　市场增长率—相对市场份额矩阵

图中纵坐标上的市场增长率表示该业务的销售量或销售额的年增长率，用数字 0～20% 表示，市场增长率超过 10% 就是高速增长。横坐标上的相对市场份额表示该业务相对于最大竞争对手的市场份额，用于衡量企业在相关市场上的实力；用数字 0.1（该企业销售量是最大竞争对手销售量的 10%）和 10（该企业销售量是最大竞争对手销售量的 10 倍）表示，并以相对市场份额 1 为分界线。需要注意的是，这些数字范围可能在运用中根据实际情况的不同进行修改。

图中圆圈代表企业的业务单位，圆圈的位置表示这个业务的市场成长和相对市场份额的高低，圆圈面积的大小表示各业务的销售额的大小。

市场增长率—相对市场份额矩阵分为四个方格，每个方格分别代表一个企业的业务类型，即问题、明星、现金牛和瘦狗。

1. 问题业务

问题业务是指高市场增长率、低相对市场份额的业务。这往往是一个企业的新业务，为发展问题业务，企业必须建立自己的工厂，增加设备和人员，以便能够跟上迅速发展的市场，并超过竞争对手，这些意味着大量的资金投入。"问题"非常贴切地描述了企业对待这类业务的态度，因为这时的企业必须慎重回答"是否继续投资发展该业务"这个问题。只有那些符合企业发展长远目标、企业具有资源优势、能够增强企业核心竞争能力的业务才能得到肯定的回答。如果企业有三项问题业务，则不可能全部投资发展，只能选择其中的一项或两项，来进行集中投资发展。

**2. 明星业务**

明星业务是指高市场增长率、高相对市场份额的业务。它是由问题业务继续投资发展起来的，可以视为高速成长市场中的领导者，将成为企业未来的现金牛业务。但这并不意味着明星业务一定可以给企业带来利益，因为市场还在快速成长，企业必须继续投资，才能保持与市场同步增长，并击退竞争对手。企业没有明星业务，就失去了希望，但群星闪烁也可能会耀花了企业高层管理者的眼睛，导致做出错误的决策，这时必须具备识别行星和恒星的能力，将企业有限的资源投入到能够发展成为现金牛的恒星上。

**3. 现金牛业务**

现金牛业务是指低市场增长率、高相对市场份额的业务。它是成熟市场中的领导者，是企业现金的来源。由于市场已经成熟，企业不必大量投资来扩展市场规模，同时作为市场中的领导者，该业务具有规模经济和高边际利润的优势，因而可以给企业带来大量财源。企业往往用现金牛业务来支付账款并支持其他三种需要大量现金的业务。如果企业只有一个现金牛业务，那么说明它的财务状况是很脆弱的。因为市场环境一旦发生变化，将导致这项业务的市场份额下降，企业就不得不从其他业务中抽回现金来维持现金牛的领导地位；否则这个强壮的现金牛可能就会变弱，甚至成为瘦狗。

**4. 瘦狗业务**

瘦狗业务是指低市场增长率、低相对市场份额的业务。一般情况下，这类业务是微利甚至是亏损的。瘦狗业务存在的原因更多是感情上的因素，虽然一直微利经营，但像人对养了多年的狗一样恋恋不舍而不忍放弃。其实，瘦狗业务通常要占用很多资源，如资金、管理部门的时间等，很多时候是得不偿失的。图2-3中的企业有三项瘦狗业务，可以说，这是沉重的负担。

通过波士顿矩阵，可以分析一个企业的投资业务组合是否合理。如果一个企业没有现金牛业务，则说明它当前的发展缺乏现金来源；如果一个企业没有明星业务，则说明它在未来的发展中缺乏希望。一个企业的业务投资组合必须是合理的，否则就必须加以调整。例如，巨人集团在将保健品业务发展成明星业务后，就迫不及待地开发房地产业务。可以说，在当时的市场环境下，保健品和房地产都是明星业务，但由于企业没能提供源源不断的现金支持现金牛业务，企业不得不从本身还需要大量投入的保健品中不断抽血来支援大厦的建设，导致最后两败俱伤，而且让企业全面陷入困境。

在明确了各项业务单位在企业中的不同地位后，就需要进一步明确业务的战略目标。通常有四种战略目标分别适用于不同的业务：①发展。继续大量投资，目的是扩大战略业务单位的市场份额，主要针对有发展前途的问题业务和明星中的恒星业务；②维持。投资维持现状，目标是保持业务单位现有的市场份额，主要针对强大稳定的现金牛业务；③收获。实质上是一种榨取，目标是在短期内尽可能地得到最大限度的现金收入，主要针对处境不佳的现金牛业务及没有发展前途的问题业务和瘦狗业务；④放弃。目标在于出售和清理某些业务，将资源转移到更有利的领域，适用于无利可图的瘦狗业务和问题业务。

应用波士顿矩阵法可以带来许多收益，它提高了管理人员的分析和战略决策能力，帮助他们以前瞻性的眼光看问题，更深刻地理解企业各项业务活动的联系，加强了业务单位和企业管理人员之间的沟通，及时调整了公司的业务投资组合，停止或放弃了萎缩业务，加强了在更有发展前景的业务上的投资。

但是，这种方法也存在局限性：①由于评分等级过于宽泛，可能会造成两项或多项不同的业务位于一个象限中；②由于评分等级带有折中性，使得很多业务位于矩阵的中间区域，难以确定使用何种战略；③这种方法难以同时顾及两项或多项业务的平衡。因此，在使用这种方法时要尽量占有更多资料，审慎分析，避免因方法的缺陷造成决策的失误。

### （二）通用电气公司矩阵

通用电气公司针对波士顿矩阵所存在的问题，于20世纪70年代开发了吸引力/实力矩阵。该矩阵也提供了产业吸引力和业务实力之间的类似比较，只是波士顿矩阵用市场增长率来衡量吸引力，用相对市场份额来衡量实力，而通用电气公司矩阵使用数量更多的因素来衡量这两个变量。正是由于该矩阵使用了多个因素，所以可以通过增减某些因素或改变重点所在，使矩阵适应管理者的具体意向或某产业特殊性的要求。

矩阵可以根据事业单位在市场上的实力和所在地市场的吸引力对该事业单位进行评估，也可以表述一个公司的事业单位组合，判断其强项和弱点，当需要对产业吸引力和业务实力做广义而灵活的定义时，可以以矩阵为基础进行战略规划。矩阵分析需要找出内部和外部因素，然后对各因素加权，得出衡量内部因素和外部因素的标准。当然，在开始搜集资料前仔细选择那些有意义的战略事业单位是十分重要的。

具体分析步骤如下。

1. 定义各因素

选择要评估业务实力和市场吸引力所需的重要因素，在通用电气公司内部，分别称它们为内部因素和外部因素。确定这些因素时，可以采用头脑风暴法、名义小组法等，关键点是不能遗漏重要因素，也不能将微不足道的因素纳入分析中。

2. 估测内部因素和外部因素的影响

从外部因素开始，根据每一个因素的吸引力大小对其评分，如果一个因素对所有竞争对手的影响相似，则对其影响做总体评估；如果一个因素对不同竞争者有不同影响，则可比较它对自己业务的影响和重要竞争者的影响。在这里可以采取五级评分标准（1=毫无吸引力，

2= 没有吸引力，3= 中性影响，4= 有吸引力，5= 极有吸引力）。然后，也使用五级标准对内部因素再进行类似的评定（1= 极度竞争劣势，2= 竞争劣势，3= 同竞争对手持平，4= 竞争优势，5= 极度竞争优势），在这一部分应该选择一个总体上最强的竞争对手做对比的对象。

3. 对外部因素和内部因素的重要性进行估测

通过估测得出衡量实力和吸引力的简易标准。这里有定性、定量两种方法可以选择：①定性方法。审阅并讨论内外部因素，以在第二步中打的分数为基础，按强、中、弱三个等级来评定该战略事业单位的实力和产业吸引力如何；②定量方法。将内外部因素分组，分别对其进行加权，使所有因素的加权系数总和为 1，然后用其在第二步中的得分乘以其权重系数，再分别相加，就可以得到所评估的战略事业单位在实力和吸引力方面的得分（介于 1 ~ 5 之间，1 代表产业吸引力低或业务实力弱，而 5 代表产业吸引力高或业务实力强）。

4. 将该战略事业单位标在通用电气公司矩阵上

矩阵坐标横轴为产业吸引力，纵轴为业务实力。每条轴上用两条线将数轴划为三部分，这样坐标就成为网格图，两坐标轴刻度可以为高、中、低或 1 ~ 5。根据管理者的战略利益关注，对其他战略事业单位或竞争对手也可做同样的分析。另外，在图上标出一组业务组合中位于不同市场或产业的战略事业单位时，就可以用圆圈来表示各企业单位，其中直径与相应单位的销售总额成比例，而阴影面积代表其市场份额。这样通用电气公司矩阵就可以提供更多的信息。

5. 对矩阵进行诠释

通过对战略事业单位在矩阵上的位置分析，公司就可以选择相应的战略举措。

通用电气公司矩阵还可以用于预测战略事业单位业务组合的产业吸引力和业务实力，只要在因素评估中考虑了未来某个时间每一因素的重要程度及其影响大小，就可以建立预测矩阵。由此可以看出，通用电气公司矩阵可以比较全面地对战略事业单位的业务组合进行规划分析，而且可以针对企业实际情况进行改进，具有广泛的应用价值。

（三）产品 / 市场演变矩阵

美国学者查尔斯·霍夫针对通用矩阵进行了改进，设计出一个具有 15 个方格的矩阵，用以评价企业的经营状况。图 2-4 便是产品 / 市场演变矩阵图。其中，圆圈表示行业规模或产品 / 细分市场。圆圈内扇形阴影部分表示企业各项经营业务的市场占有率。

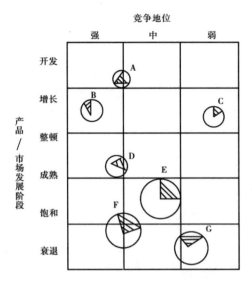

**图2-4　产品/市场演变矩阵图**

从图2-4中可以看出企业各项经营业务在矩阵中所处的不同地位。A项业务类似明星业务，具有很高的市场占有率，但需要企业投入大量的资源予以支持，以提高其竞争地位。B项经营业务与A项业务有着同样的前景，但是该业务在具有很强的竞争地位的条件下却没有取得较高的市场占有率。企业只有找出真正的原因，制定完善的修正计划以后，才能进一步地分配资源给B项业务。E项业务和F项业务都是现金牛业务，可以为企业提供资金。G项业务正逐渐变成瘦狗业务，企业应该考虑所要采取的措施，甚至为最终撤出该经营领域做好充分准备。

## 二、竞争战略创新

竞争战略是指在公司战略确定业务组合后，主要解决其中的每一项具体业务时，应当选择什么样的竞争战略，去建立什么样的竞争优势和怎样建立竞争优势，怎样建立与之相应的核心竞争能力，怎样才能卓有成效地与竞争对手展开竞争活动。选择正确的竞争战略能使企业最有效地分配、组织和利用有限的资源，最快地建立起核心竞争能力和竞争优势，始终把握竞争的主动权，有力地支持发展目标的实现。

### （一）迈克尔·波特的三种基本竞争战略

迈克尔·波特的企业竞争理论在国内学界和企业界影响深远。迈克尔·波特竞争战略的基础是产业分析，他认为行业的竞争情况由五种基本的竞争力量决定：进入威胁、替代威胁、买方的议价能力、供应方的议价能力和产业内对手的竞争强度。要对抗这些竞争力量，企业就要建立自己的竞争优势。迈克尔·波特提出两种在某个产业超出竞争对手的"通用"竞争战略：低成本和差异化。任何类型和规模的企业，甚至非营利组织都可以采用这两种战略。低成本战略是指企业或者事业部比竞争对手更有效率地设计、生产和营销同类产品的能力。差异化战略是指在产品质量、特殊性能或售后服务方面为购买者提供独特的或具有超级价值的能力。

另外，迈克尔·波特认为公司在产业中的竞争优势还与其竞争范围有关，即公司或事业部目标市场的宽度。在采用任何一种竞争战略之前，公司或事业部必须选择要生产的产品种类范围、要采用的分销渠道、要服务的消费者类型、产品销售的地理区域以及参与竞争的相关产业的部署。公司或事业部可以选择定位较宽（瞄准大规模市场）或定位较窄（瞄准市场空隙）。

根据企业获取竞争优势的类型和战略目标的范围不同，企业可以采用三种基本竞争战略：成本领先战略、差别化战略、集中化战略。

1.成本领先战略

成本领先战略是指企业通过在其内部加强成本控制，在研究开发、生产、销售、服务和广告等领域内把成本降到最低限度，成为行业中的成本领先者的战略。企业凭借其成本优势，可以在激烈的市场竞争中获得有利的竞争优势，要通过低成本战略获得竞争优势，价值链上的累积成本就必须低于竞争对手的累积成本。

低成本公司在设定行业最低价格的同时仍然能够获得利润的能力，是其市场地位的保护性壁垒。不管在任何时候，只要价格竞争形成了主要的市场力量，效率越低的厂商所遭受的伤害就越大。相对于竞争对手来说，处于低成本的厂商拥有一种竞争优势，在向对价格敏感的顾客出售产品或者服务时能够赚取较大的利润。

企业采用成本领先战略可以使企业有效地面对行业中的各种竞争力量，以其低成本的优势获得高于行业平均水平的利润。

（1）形成进入障碍。企业的生产经营成本低，便为行业的潜在进入者设置了较高的进入障碍。那些生产技术尚不成熟、经营缺乏规模经济的企业都很难进入此行业。

（2）增强企业讨价还价的能力。企业的成本低，可以使自己应付投入费用增长，提高企业与供应者讨价还价的能力，降低投入因素变化所产生的影响。同时，企业成本低，可以提高自己对购买者的讨价还价能力，以此对抗强有力的购买者。

（3）降低替代品的威胁。企业的成本低，在与竞争者竞争中可以凭借其低成本的产品和服务吸引大量的顾客，减少或缓解替代品的威胁，使自己处于有利的竞争地位。

（4）保持领先的竞争地位。当企业与行业内的竞争对手进行价格战时，由于企业的成本低，可以在竞争对手毫无利润的水平上保持盈利，从而扩大市场份额，保持绝对竞争优势的地位。

企业在考虑实施低成本战略时，一般从两个方面考虑：一是考虑实施战略所需要的资源和技能，如持续投资和增加资本的能力、科研与开发能力、市场营销的手段、内部管理水平；二是考虑组织落实的必要条件，如严格的成本控制、详尽的控制报告、合理的组织结构和责任制以及完善的激励管理机制。在实践中，成本领先战略要想取得好的效果，还要考虑企业所在的市场是不是完全竞争的市场，该行业的产品是不是标准化的产品，大多数购买者是否以同样的方式使用产品，产品是否具有较高的价格弹性，价格竞争是不是市场竞争的主要手段，等等，如果企业的环境和内部条件不具备这些因素，那么企业便难以实施成本领先战略。要获得成本优势，公司价值链上的累积成本必须低于竞争对手累积成本。要达到这个目的有两个途径：一是比竞争对手更有效地开展内部价值链活动，更好地管理推动价值链活动成本的各个因素，即控制成本驱动因素；二是改造公司的价值链，省略或跨越一些高成本的价值链活动。

但是选择成本领先战略也是有风险的，如果竞争对手的竞争能力过强，那么企业采用成本领先的战略就有可能处于不利的地位。具体地讲，有以下三方面原因。

（1）竞争对手开发出更低成本的生产方法。竞争对手利用新的技术或更低的人工成本，形成新的低成本优势，使得企业原有的优势成为劣势。

（2）竞争对手采用模仿的办法。当企业的产品或服务具有竞争优势时，竞争对手往往会采用模仿的方法，形成与企业相似的产品和成本，使企业陷入困境。

（3）顾客需求的改变。如果企业过分地追求低成本，降低了产品和服务质量，就会影响顾客的好感，结果反而会适得其反。

2. 差别化战略

差别化战略是指企业提供与众不同的产品和服务，满足顾客特殊的需求，形成竞争优势的战略。企业形成这种战略主要依靠产品和服务的特色，而不是产品和服务的成本。但是，差别化战略并不是说企业可以忽略成本，只是强调这时的战略目标不是成本问题。企业可以从许多角度寻求差别化：一种独特的口味、一系列的特色、可靠的服务、备用零件、物超所值、工程设计和性能、名望和特性、产品可靠性、高质量的制造、技术领导地位、全系列的服务、完整系列的产品、居于同类产品线之高端的形象和声誉等。

差别化的核心是取得某种独特性。如果这种独特性对于购买者有价值，就可以长期持续下去。容易被复制的差别化不能产生持久的竞争优势，因此最具有吸引力的差别化方式是使那些竞争对手模仿起来难度很大或代价高昂的方式。实际上，资源丰富的公司都能够及时地仿制几乎任何一种产品特色与属性，这就是为什么持久的差别化与独特的内部能力、核心能力和卓越能力紧密相连。如果一家公司能拥有竞争对手不易模仿的核心能力和卓越能力，如果它的专有技能能够用来开展价值链中存在差别化的潜在活动，那么它就有了强大持久的差别化的基础。一般来说，如果差别化的基础是新产品革新、技术的卓越性、产品质量的可靠性和系统的客户服务，那么差别化所带来的竞争优势就能够持续更长的时间，变得更强大。

企业采用这种战略，可以很好地防御行业中的竞争力量，获得超过行业平均水平的利润。具体地讲，主要表现在以下几个方面。

（1）形成进入障碍。由于产品的特色，顾客对产品或服务具有很高的忠实度，从而使得该产品和服务具有强有力的进入障碍。潜在的进入者要与该企业竞争，就需要克服这种产品的独特性。

（2）降低顾客敏感程度。由于差别化，顾客对该产品或服务具有某种程度的忠实性，当这种产品的价格发生变化时，顾客对价格的敏感程度不高。生产该产品的企业可以运用产品差别化的战略，在行业的竞争中形成一个隔离带，避免竞争者之间的伤害。

（3）增强讨价还价的能力。产品差别化战略可以为企业带来较高的边际收益，降低企业的总成本，增强企业对供应者的讨价还价的能力；同时，由于购买者没有其他选择，对价格的敏感程度又较低，企业可以运用这一战略削弱购买者讨价还价的能力。

（4）防止替代品的威胁。企业的产品或服务具有特色，能够赢得顾客的信任，便可以在与替代品的较量中比同类企业处于更有利的地位。

差别化是一个十分有效的竞争战略，但是并不能保证一定能够创造有意义的竞争优势。如果企业所强调的特色或者能力在购买者看来并没有多大的价值，那么企业的差别化就只能在市场上获得厌倦的反应；另外，如果竞争对手能够很快地复制企业所有或者绝大部分有吸引力的产品属性，那么企业为差别化所做出的努力也注定会失败。快速的模仿意味着一个公司实际上没有获得真正的差别化，因为每次公司采取新的行动使企业产品同竞争对手的产品区别开来的时候，竞争对手的品牌都能够发生类似的变化。因此，只有通过差别化建立竞争优势，公司才能找出自己独特的成就源泉，从而使竞争对手复制起来变得很困难。最后，企业还应该认识到，并不是所有的顾客都愿意支付产品差别化后形成的较高的价格。如果购买者满足于基本的产品，认为"附加"的属性并不值得支付更高的价格，在这种情况下，那么低成本生产战略就可以击败差别化战略。

3. 集中化战略

集中化战略又称为"聚焦战略"，是指把经营战略的重点放在一个特定的目标市场上，为特定的地区或特定的购买者集团提供特殊的产品或服务。集中化战略与其他两个基本的竞争战略不同。成本领先战略与差别化战略面向全产业，在整个产业的范围内进行活动，适宜于大型的企业，而集中化战略则是针对特定的细分市场，适用于中小型的企业。

企业一旦选择了目标市场，便可以通过产品差别化或成本领先的方法，形成差异化集中或低成本集中两种变化形式。也就是说，采用集中化战略的企业，基本上就是特殊的差别化或特殊的成本领先企业。由于这类企业的规模较小，采用集中化战略的企业往往不能同时采用差别化和成本领先的方法。如果采用集中化战略的企业要想实现成本领先，则可以在专用品或复杂产品上建立属于自己的成本优势。这类产品难以进行标准化生产，也就不容易形成生产上的规模经济效益，因此也难以具有经验曲线的优势。如果采用集中化战略的企业要实现差别化，则可以运用所有差别化的方法去达到预期的目的。与差别化战略不同的是，采用集中化战略的企业是在特定的目标市场中与实行差别化战略的企业进行竞争，而不在其他细分市场上与其竞争对手竞争。在这方面，重点集中的企业由于其市场面狭小，可以更好地了解市场和顾客，为其提供更好的产品与服务。

企业实施集中化战略的关键是选好战略目标，一般的原则是，企业要尽可能地选择竞争对手最薄弱的目标和最不易受替代产品冲击的目标。在选择目标之前，企业必须确认满足下列前提条件时，不管是以低成本为基础的集中战略还是以差别化为基础的集中战略都会变得有吸引力：①购买群体在需求上存在差异；②在企业的目标市场上，没有其他竞争对手试图采用集中化战略；③企业的目标市场在市场容量、成长速度、获利能力、竞争强度方面具有相对的吸引力；④本企业资源实力有限，不能追求更大的目标市场。

应当指出的是，企业如果实施集中化战略，尽管能在其目标市场上保持一定的竞争优势，获得较高的市场份额，但是企业在实施集中化战略的时候，可能还会面临以下风险：①以往的以市场为目标的竞争者采用同样的集中化战略，或者竞争对手从企业的目标市场中找到了可以再细分的市场，并以此为目标进行集中化战略，从而使原来采用集中化战略的企业失去优势；②由于技术进步、替代品的出现、价值观念更新、消费者偏好变化等多方面的原因，目标市场与总体市场之间在产品或服务上的需求差别变小，企业原来赖以形成集中化战略的基础也就丧失了；③在较宽的范围内经营的竞争对手与采取集中战略的企业之间在成本上的差异日益扩大，抵消了企业为目标市场服务的成本优势，或抵消了通过集中化战略而取得的产品差别化，导致集中化战略的失败。

### （二）对迈克尔·波特竞争战略的发展

随着技术的不断变革和各行业竞争情况的变化，主要是企业经营环境不确定性的增加，迈克尔·波特竞争战略表现出一定的不足。在逻辑上，在一个更加宽阔的视野内考察时，可以发现，迈克尔·波特理论的中心是"产品"。顾客是因为低价格或是某种独特之处，才选择这种产品的。在实践上，如果仔细地观察当今成功企业的战略，就能够发现有些是迈克尔·波特理论所不能解释的。

最典型的例子就是微软公司。微软的成功是源于"最佳产品"吗？微软的产品占据了个人电脑操作系统90%以上的市场份额，是因为它便宜吗？显然不是。一个Windows 98操作系统的拷贝就能高价卖出，是因为它独具特色吗？也不是。实际上，从微软磁盘操作系统（MS-DOS）到Windows操作系统，微软的大多数产品都不是同类产品中最好的。尽管如此，微软还是牢牢地占据了行业领导者的地位。它的竞争优势既不是低成本，也不是产品差异化，而是源于整个系统的支持，可以称之为"系统锁定"。

另外，还有一类公司，它们每个具体产品的市场份额都不是最大的，成本也不是最低的，产品也不是最具有特色的，但是这些产品可以很好地集成在一起，给目标顾客提供最完备的解决方案。这些企业同样取得了成功。这种战略选择的重点在于顾客，可以称之为"顾客解决方案"战略。

迈克尔·波特的理论分析是基于已经比较成熟的行业进行的，所以在技术、产品、客户、企业竞争关系变化越来越快的经济环境中，像上面所说的例子会越来越多。因此，很多人对迈克尔·波特的理论进行了补充，其中麻省理工学院的阿诺德·哈克斯和他的团队调查了上百家公司，提出了战略选择的三角模型，代表企业战略选择的三个方向——最佳产品战略、客户解决方案定位、系统锁定战略。

1. 最佳产品战略

最佳产品战略的思路是基于传统的低成本和产品差别化的策略。企业通过简化生产过程和扩大销售量来获得低成本领先地位，或者是通过技术创新、品牌或特殊服务来强化产品的某一方面的特性，以此来增加客户价值。

在追求最佳产品战略定位的过程中，新进入的企业往往具有后发优势，因为它们可以对行业的模式重新定义；而老企业现有的运作系统、流程往往增加了革新的成本。许多后起的企业，像努克、西南航空、戴尔等，往往可以更清晰地定义细分市场，它们不但渗透进一个成熟的行业，还取得了成本上的领导地位。所有这些企业都有一个模式——相对于现有企业，它们提供的产品和服务的范围更狭窄，去掉了产品的部分特点，在价值链上去掉了一些环节，外包一些环节，在余下的环节实施低成本或产品差别的策略。客户解决方案战略的出发点是：通过一系列产品和服务的组合，能最大限度地满足客户的需求。这种战略的重点是锁定目标顾客，提供最完善的服务，实施手段是学习和订制化。其中，学习具有双重效应：企业通过学习可以更好地提高顾客的满意度；客户不断地学习增加了转换成本，提高了忠诚度。实施这种战略往往意味着企业与供应商、竞争对手和客户的合作和联盟，大家一起来为客户提供最好的方案。

2. 系统锁定战略

系统锁定战略的视角突破了产品和客户的范围，考虑了整个系统创造价值的所有要素。尤其要重点强调的是，这些要素除了竞争对手、供应商、客户、替代品，还要包括生产补充品的企业。典型的例子有手机厂家和电信运营商、计算机硬件和软件、Hi-Fi（high-fidelity，高保真）和小型镭射盘等。实施系统锁定战略的要义在于，如何联合补充品厂商一起锁定客户，并把竞争对手全部挡在门外，最终达到控制行业标准的最高境界。

处于系统锁定战略定位的公司建立了行业的标准，它们是生产厂商大规模投资的受益者。微软和英特尔是最典型的例子。80% ~ 90% 的个人计算机（PC）软件商都是基于微软的操作系统（比如 Windows 98 操作系统）和英特尔的芯片（比如奔腾），它们之间的联盟被称为 Wintel 联盟。作为一个客户，如果想使用常用的应用软件，就得购买微软的产品。作为一家应用软件厂商，如果想让 90% 的顾客能够使用本公司的软件，就得把软件设计得与微软的操作系统匹配。

微软和英特尔的成功不是因为最好的产品质量和产品的差别化，也不是因为提供客户解决方案，而是因为它们的系统锁定的地位。很早以前，苹果计算机就以良好的操作系统而著称，摩托罗拉生产的芯片速度也相当快，然而微软和英特尔还是牢牢地控制了整个行业。

在非高科技行业，黄页（the yellow pages）是最常用的地址名录，在美国建立了行业的标准。这项业务的模式很简单，但却还是有 50% 的毛利润。1984 年，黄页市场开始向众多竞争对手开放。当时有专家预测，行业内企业的利润率要降低，黄页的市场份额会急剧下降。然而，一段时间之后，黄页依旧占据了这个市场 85% 的市场份额，利润率也没有下降。这是怎么回事呢？原因就是黄页处在系统锁定的战略位置——最好的企业都在黄页上做广告，顾客也只买有价值的地址名录。当新的公司进入这个市场时，它们难以吸引大客户的广告，因为这些客户撤掉在黄页上的广告的代价实在太大了，所以消费者并没有购买新的地址名录。因此，黄页的盈利循环没有中断，它们的产品依旧处于领导地位。

另外，一个正在形成标准的行业是金融服务业。美国运通（American Express）是早期的签账卡（charge card）市场领导者。它的战略就是服务高端客户，尤其是那些经常出国的人。它们有句非常著名的口号："没有运通卡不要出门"（Don't leave home without it！）。运通公司在全球各地都有办公室，这使得它们处于客户解决方案的战略位置。

相反，维萨（Visa）设计了一个开放的平台，整个运营系统的所有要素——银行、商家和客户都进入这个平台。它们创造了一个完善的营运循环——消费者喜欢被大多数商家接受的信用卡，商家喜欢大多数消费者使用的信用卡。这个策略产生了很强的系统锁定的效应，维萨和万事达创造并拥有了行业的标准。现在，维萨和万事达占据了流通卡 80% 的市场。

3. 客户解决方案定位

客户解决方案定位反映了战略定位的重心从产品向客户转移，它强调给客户带来的价值，以及客户的学习效应。

全球 500 强企业之一的美国电子数据系统公司（Electronic Data Systems，EDS）就是实行客户解决方案战略的很好的例子。它的定位就是，为客户提供最好的服务，满足客户所有的信息管理方面的需求。它们为每一位客户提供价位合理的量身定做的解决方案。作为客户解决方案的供应商，电子数据系统公司的绩效评价指标是：在多大程度上提升了客户的好感？帮助客户节省了多少经费？为了能实现这些目标，电子数据系统公司把它的服务扩展到那些原来是由客户自己来完成的活动。通过对互联网技术的专注和运作经验的积累，它们能不断地降低成本，提高服务质量。

在金融服务市场，美林银行首先引入了客户管理账户。这个账户是根据用户的情况订制的，客户可以选择账单支付方式、经纪人、共同基金、个人退休金账户、信用卡和查询账户等。这项业务的推出使得美林银行迅速走向成功。

对于上述三种策略哪个好，哪个不好，并不能简单地下结论。每种策略的执行者都既有赢家，同时又有失败者，尤其是系统锁定战略，最后的成功者可能就只有一个。所以说，战略的选择最终还是要视具体环境而定。

（三）不同产业的竞争战略

许多产业都随时间演变，经历着从成长到成熟直至衰落的演变历程。产业竞争力量也会随着产业演变而变化。因此，处于不同的产业阶段的企业应该采用不同的竞争战略。

1. 新兴产业的竞争战略

新兴产业是随着技术创新、消费者新需求的出现，以及促进新产品和潜在经营机会产生的经济和社会的变化而产生的产业。简单地讲，新兴产业是由先驱性企业创造出来的产业。

（1）新兴产业的特点。

①技术与战略的不确定性。在新兴产业中，企业的生产技术还不成熟，还有待于继续创新与完善；同时，企业的生产经营也还没有形成一套完整的方法和规程，哪种产品结构最佳、哪种生产技术最有效率等都还没有得出明确的结论。此外，不同的新兴产业在市场环境的结构上也不同。

企业技术的不确定性导致了战略的不确定性。在新兴产业中，各企业在技术和战略上都处于一种探索阶段，表现为新兴产业技术具有多变性，而战略的选择也是多种多样的，各企业的产品的市场定位、营销、服务方式都表现出这一点。

从具体的经营活动来看，新兴产业虽然生产规模小，但生产成本高。随着生产规模的扩大和经验的不断积累，生产组织趋于合理，规模经济形成，成本才会下降。同时，企业缺乏制定战略所必需的信息，不了解竞争对手的数目、分布状况、优势和劣势，购买者的需求规模和偏好，以及市场成长的速度和将要实现的规模等。在相当长的一段时间内，新兴产业的参与者只能在探索中寻求适当的战略与成功机会。

②产业发展的风险性。在新兴产业中，许多顾客都是首次购买者。在这种情况下，市场营销活动的中心应该是诱导初始的购买行为，避免顾客在产品技术和功能等方面与竞争对手发生混淆。同时，还有许多顾客对新兴产业都会持观望等待的态度，认为第二代或第三代技术将迅速取代现有的产品，他们等待产品的成熟、技术和设计方面的标准化。因此，新兴产业的发展具有一定的风险。

在新兴产业中，企业的战略选择必须与技术的不确定性和产业发展的风险性相适应。在该产业中并不存在公认的竞争对策原则。尚未形成稳定的竞争结构、竞争对手难以确定等因素，都使产业发展的新兴阶段成为战略自由度最大、战略影响程度最高的阶段。企业利用好这一点，在产业初期的多变环境中做出正确的战略选择，就会在一定程度上决定企业今后在产业中的经营状况和地位。

（2）企业在战略选择上应该考虑的问题。

①促进产业结构的形成。在新兴产业的战略问题上，压倒其他战略的选择是首先考虑企业是否有能力促进产业结构趋于稳定而且成形。这种战略选择使企业能够在产品决策、营销方法和价格策略上建立一套有利于自身发展的竞争规则，从而有利于企业稳定、长远的产业地位。

②改变供应商和销售渠道。随着产业规模的增长，新兴产业重点企业必须在战略上准备应对供应商和销售渠道可能出现的方向性转移。例如，供应商可能越来越趋向于满足产业的特殊要求，而销售渠道可能对一体化感兴趣等。这些方向性的转移会在很大程度上使企业改变战略。

③正确对待产业发展的外差因素。所谓外差因素，是指企业效率与社会效率之间的不一致。在新兴产业中，关键问题是企业必须在产业所倡导的事物与企业追求自身利益之间寻找平衡。产业的整体形象、信誉、与其他产业的关系、产业吸引力、产业与政府及金融界的关系等都与企业的生产经营状况等密切相关。产业内企业的发展离不开与其他同类企业的协调和整个产业的发展。企业为了产业的整体利益和企业自身的长远利益，又必须放弃企业暂时的自身利益。

④适应转变的流动性障碍。在新兴产业结构中，流动性障碍表现为获得适当的技术水平、销售渠道、低成本和高质量的原材料、与风险相当的机会方面的障碍。这些流动性障碍会随着产业规模的成长和技术的成熟而迅速发生结构性的变化。这种变化对企业的最明显的影响是：企业必须寻求新的方法来维持其产业地位，而不能固守产业过去的优势。

⑤适当的进入时机。企业何时进入新兴产业是个风险问题。一般来说，如果具有以下特征时，企业进入新兴产业较为适宜：在企业的形象和声誉对产业产品的购买者至关重要时，企业最先进入可以提高企业的形象和声誉。经验曲线在该经营领域中作用重大，先进入的企业所创造的经验是后进入的企业不易模仿的。企业先进入可以优先将产品卖给第一批购买者，以赢得顾客的忠诚。对于原材料和供应商的优先承诺，可使企业获得成本优势。但是，最先进入产业的企业在下列情况下也会面临巨大的风险：初期的竞争和市场细分可能会与产业发展成熟后的情况不同，企业在技术结构与产品结构等方面如果投资过大，在转变时就要付出高额的调整费用；技术变更也会使先进企业的投资过时，而后来的企业则拥有最新的技术和产品。当然，企业进入的新兴产业必须是最有吸引力的产业，即产业的最终投资结构将有利于企业获得超出平均收益水平的利润，同时企业还能获得长期巩固的产业地位。

2. 快速发展产业的竞争战略

快速发展产业的特征是：技术变革很快，产品生命周期很短，一些重要的新竞争对手进入了该产业，竞争对手经常采取新的竞争行动（包括为建立一个更加强大的地位而进行的兼并和购并），购买者的需求和期望变化很快。

快速发展的市场环境存在一系列重大的战略挑战。由于每天都有这种或那种重要的竞争发展态势方面的消息，所以对所发生的时间进行检测、评价和做出反应就成了一项艰巨的任务。要想在快速变化的市场中取得成功，往往取决于在公司的战略中建立以下因素。

（1）积极投资于研究与开发，使公司处于技术的前沿。拥有技术诀窍并将这些在技术诀窍上取得的进步转化成创造性的新产品（并且紧跟所有竞争对手所开创的进步和特色）的技能和能力是高技术市场的先决条件。将公司的研究与开发集中于一些关键的领域是非常有用的，因为这样做不仅可以有效避免公司资源的过度分散，同时也可以提高公司的专有技能，完善技术，完全实现经验曲线效应，在某一项特定的技术或产品上占据统治地位。

（2）开发组织能力，对于重大的新事件做出快速的反应。快速反应非常重要，因为对将要发生的变化几乎不可能进行预测。竞争厂商必须快速地调动企业的资源对竞争对手的行动、新的技术发展态势、变化的顾客需求、攻击反应慢的竞争对手做出反应。资源灵活性一般是一个关键的成功因素，因为它是一种调节现有能力的能力，是一种创造新能力的能力，是一种能够在任何竞争对手成功开拓出来的技术途径和产品特色方面与竞争对手匹敌的能力。如果一家公司没有这样的组织能力，如速度、灵活性以及能够发现满足顾客的新途径，那么它就会很快失去竞争力。

（3）依赖于同外部的供应商和那些生产关联产品的企业建立战略联盟，让他们在整个价值链体系中开展有着专业化技能和能力的活动。在很多高速发展的产业中，技术的扩展面很宽，往往会产生很多新的路径和产品种类，没有哪一家企业拥有足够的资源和能力来追求所有的路径和产品。专业化（以便促使必要的技术深度）和聚焦战略（以便保存组织的灵活性，充分利用公司的技能）是必要的。企业加强其竞争地位的方式不仅可以通过加强自己的资源，也可以通过同制造最先进的零配件的供应商建立伙伴关系以及同关联产品的主要生产商进行合作。

如果快速变化的市场环境使很多技术领域和产品种类成为必需，那么竞争厂商也就没有别的选择了，只能实施某种聚焦战略，集中精力，让自己成为某一特定领域的领导者。现代技术诀窍和"首先出现在市场上"的能力是非常有价值的竞争资产，而且竞争的速度要求公司做出快速的反应，拥有灵活的可调整的资源——组织敏捷性是组织的一项巨大的资产。同供应商进行合作的能力也是如此，企业必须有效地将供应商和企业自己的资源有效地综合匹配起来。一方面，企业必须建立丰富的内部资源，以免企业受其供应商的摆布；另一方面，企业又要通过外部的资源和技能来维持一定的组织灵活性。企业必须在这两方面维持一定的平衡。

3.分散产业的竞争战略

分散产业是指由大量中小型企业组成的产业，快餐业、洗衣业、照相业等不属于这类产业。在分散产业中，企业的市场占有率没有明显的优势，企业也不存在规模经济，没有一个企业能够对产业的运行发生影响。

（1）分散产业形成的原因。

一个产业成为分散产业的原因很多，既有历史的原因，同时也有经济的原因。

①进入障碍低。如果产业的进入障碍低，那么企业就比较容易进入这个产业，导致大量的中小企业成为该产业的竞争主导力量。

②缺乏规模经济。有的产业的生产过程比较简单，难以实现机械化和规范化。这类企业尽管生产规模会不断扩大，但是其生产成本并不会下降，或者下降幅度很小。同时，企业的储存成本高，而且销售额的变化无规律可循，使企业难以发挥规模经济的作用。在一定程度上，专业化程度较低的企业要比专业化程度高的资本密集型大企业更具有竞争性。

③产品的差别化程度高，可以有效地限制规模，使效率不同的企业能得以发展。

④讨价还价的能力不足。在分散的产业里，供应方与购买方的结构决定了产业中的企业在与相邻的企业或单位进行交易时是否具备讨价还价的能力。同时，供应方与购买方也应有意识地鼓励新企业进入该产业，使产业保持分散状态，并使企业维持现有规模。

⑤运输成本高。高额的运输费用往往限制了企业的有效生产规模和生产布局，使产业不能形成规模效应。

⑥市场需求的多元化。在某些产业中，由于地域的差异，顾客的需求是分散的，而且形式多样，导致产业分散化。

⑦在产业发展的初期阶段，所有的企业都处于发展状态，没有能力扩大生产或进行兼并。因此，这时的产业处于一种分散状态。

（2）企业常用的战略。

针对产业的分散状态，理论界和实业界都在探讨整合产业的战略与方法，试图改变分散的产业结构，运用基本竞争战略获得竞争优势。企业常用的战略有以下三种形式。

①连锁经营。企业运用这种方法主要是为了获得成本领先的战略优势。连锁经营改变了以往零售店的分散布局状态，建立了联络网络，形成了统一规模经济，拥有了大量的购买力。同时，连锁经营可以建立区域性的配货中心，克服高运输成本的现象，从而减少库存成本，快速地反映商店和顾客的需求，分享共同的管理经验。这些都可以大幅度降低企业的成本，形成竞争优势。

②特许经营。在分散产业里，企业要形成差别化，可以多采取特许经营的方式获得竞争优势。在特许经营中，一个地方性的企业由一个人同时拥有和管理，这个人既是所有者又是经营者，要有很强的事业心管理该企业，保持产品和服务质量，满足顾客的需求，形成差别化。企业通过特许经营还可以减轻迅速增加的财务开支，并获得大规模广告、分销与管理的经济效益，使企业迅速成长。

③横向合并。为了求得发展，企业可以在经营层次上合并一些产业中的中小企业，以形成大企业。例如，将一些地方性的企业合并成全国性的企业，使之形成规模经济效益或形成

全国市场，使得企业可以采用成本领先战略或差别化战略。

（3）企业应该注意的问题。

分散产业可以为企业的选择带来战略机会，也可以为企业带来失误。在战略的使用过程中，企业应该注意以下几点。

①避免全面出击。在分散产业中，企业要面对所有的客户，生产经营各种产品和提供各种服务是很难获得成功的，而且还会削弱企业的竞争力。

②避免随机性。企业在战略实施过程中，不要总是调整以往的资源配置。在短期内，频繁地调整可能会产生反面效果。在长期的发展中，如果战略执行过于随机，就会破坏自身的资源，削弱自身的竞争力。

③避免过于集权化。在分散的产业中，企业竞争的关键是在生产经营上对需求的变化做出反应。因此，在组织结构上，企业应当做出适当的选择，集权性组织结构对市场反应较差；经营单位的管理人员主动性小，难以适应分散的产业竞争。

④避免对新产品做出过度的反应。在分散产业中，新产品会不断出现，企业如果不考虑自身的实力，做出过度的反应，就会削弱自身的竞争力。

4. 成熟产业的竞争战略

正如产品存在寿命周期的规律那样，产业也存在一个由迅速成长时期转变为增长缓慢的成熟时期的过程。产业成熟所引起的竞争环境的变化，要求企业战略做出迅速反应；同时，也深刻地影响着企业的组织结构，要求及时地加以调整，以此适应战略的转变。

（1）成熟产业具有以下特点。

①低速增长导致竞争加剧。由于产业不能保持过去的增长速度，市场需求有限，企业要保持自身原有的市场份额，同时要将注意力转向争夺其他企业的市场份额。在向成熟转变的过程中，产业内部形成两方面的竞争：一是众多企业对缓慢增长的新需求的竞争；二是企业相互之间对现有市场份额的竞争。企业将根据自身的实力，对市场份额进行重新分配。

②注重成本和服务的竞争。由于产业增长缓慢，技术更加成熟，购买者对企业产品的选择取决于企业所提供的产品的价格与服务组合。此外，在成本竞争的压力下，企业要增加投资购买更加先进的设备。

③裁减过剩的生产能力。产业低速增长，企业的生产能力缓慢增加，有可能会产生过剩的生产能力，企业需要在产业成熟期裁减一定的设备和人力。

④研究开发、生产、营销发生变化。在成熟产业中，企业面对所出现的更为激烈的市场竞争、更为成熟的技术、更为复杂的购买者，必然要在供、产、销等方面及时进行调整，将原来适应高速增长的经营方式转变为与缓慢增长相协调的经营方式。

⑤产业竞争趋向于国际化。技术成熟、产品标准化、寻求低成本战略等需求使企业竞相投资于具有经营资源优势的国家和地区，从事全球性的生产经营活动。同时，在成熟产业中，

企业所面临的国内需求增长缓慢而且趋于饱和。在竞争压力下，企业转向经济发展不平衡、产业演变尚未进入成熟期的国家和地区。在这种情况下，竞争的国际化便不可避免。

⑥企业间的兼并和收购增多。在成熟的产业中，一些企业利用自身的优势兼并与收购，产生产业集团。同时，这种产业也迫使一些企业退出该经营领域。伴随着产业的发展不断成熟，即使是最强有力的竞争企业也常常因战略与环境不相适应而遭到社会的淘汰。所有这些变化都迫使企业重新审视其经营战略，进行战略转移或调整。

（2）在产业的成熟期，一般可供企业选择的战略有以下几种形式。

①缩减产品系列。在以价格为主要竞争手段、以市场份额为目标的成熟产业里，原有的产品结构必须调整，企业要缩减利润低的产品，将生产和经营能力集中到利润高或者有竞争优势的产品上。

②创新。随着产业的发展成熟，企业要注重以生产为中心的技术创新。通过创新，企业推出低成本的产品设计、更为经济的生产方法和营销方式，力争在买方价格意识日益增强的市场中具有独特的竞争优势。

③降低成本。价格竞争激烈是成熟产业的基本特征。通过从供应商处获得更优惠的供应价格、使用更低廉的零部件、采用更经济的产品设计、提高生产和销售的效率、削减管理费用等方法，企业可以获得低成本优势，从而在竞争中获得价格优势。

④提高现有顾客的购买量。在成熟产业中，企业很难通过争取竞争对手的客户的方式扩大自身的销售量。在这种情况下，企业应采用更好的促销手段，提高自己现有客户的购买数量。同时，企业还应该开拓新的细分市场，以扩大顾客的购买规模。

⑤发展国际化经营。在国内产业已经发展成熟时，企业也应该谋求国际化经营。其原因是：同一产业在各国的发展是不平衡的，在一国处于成熟期的产业，可能在其他国家处于迅速成长期；企业进行国际化经营，可以充分利用各国的经营资源，使自己的生产经营更为经济；企业进行国际化经营，可以避免饱和市场上的竞争。不过，企业应该认识到，随着国际化经营，产业内的国内竞争也会形成国际化的竞争，产业内的企业开始争夺海外市场，同时开展与该市场所在国企业的竞争。

总之，企业应该根据产业具体情况和企业自身的优劣势，选择一种或几种战略形式。同时，企业也要注意战略运用的难点，不要为了短期利益而牺牲长期利益，不能为了一时的销售额增长而做出过分的投资，要对削减价格做出积极的反应，要在需求出现停滞趋势时削弱生产能力。

5. 衰退产业的竞争战略

产业发展到停滞和衰退阶段的时候，市场总体需求低于经济增长，增长停滞或者开始缩小，利润可能开始下滑。

一般来说，那些在停滞或衰退产业中取得成功的公司所采取的战略主要有以下三个。

（1）充分利用和挖掘产业中成长的细分市场。停滞或衰退的市场与其他的市场一样，也包括众多的细分市场或小的市场点。虽然整个产业处于停滞或衰退的状态，但是其中的一个或多个细分市场却会快速地增长。敏锐的竞争厂商往往能够首先集中于有吸引力的成长细分市场上，从而规避销售和利润的停滞，同时还可能在目标市场上获得竞争优势。

（2）强调以质量改善和产品革新为基础的差别化。不管是质量改善还是产品革新都可以通过创造新的重要成长细分市场或者诱惑购买者购买更高价格的东西来使需求恢复活力。成功的产品革新除了满足与竞争对手在价格方面的竞争，又重新开辟了一条新的道路。这种差别化可能会形成一种额外的优势，因为竞争对手模仿起来很困难或者代价很高。

（3）不懈努力，降低成本。如果不能够通过增加销售量来增加相应收益，那么企业可以不断提高生产率和降低成本，从而提高利润和投资回报率。可能的成本降低行动包括：①对外部公司能够更低价地开展的活动和功能采取外部寻源的策略；②对内部的流程进行重新设计；③利用没有被充分利用的生产能力；④增加更多的销售渠道，保证低成本生产所需要的单位产量；⑤关闭低销量和高成本的分销点；⑥抛弃价值链中盈利很少的活动。

以上这三个战略主题之间并不矛盾。推出新的革新性的产品型号可能会创造一个快速增长的细分市场。同样，不懈地追求提高经营和运作效率可以降低成本，从而唤回那些对价格很敏感的顾客。这三个战略主题都是一般战略的剥离（或改造形式），为适应艰难的产业环境而进行了有效调整。

在最具有吸引力的衰退产业中，销量的减少很慢，内在需求很大，仍然存在一些能够盈利的细分市场或小市场。

在停滞或衰落的市场上企业经常犯的错误有：①陷于无利可图的消耗战；②从业务之中太多、太快地抽走现金流，从而使得企业业绩下滑；③对产业的未来过于乐观，由于期望产业的形势发生改变，所以必须对过度投资做某些改善。

# 第三节　企业战略管理创新案例研究

在实际运营过程中，企业经常会遇到以下三种情形：① 行业发展趋势很好，企业自身具有一定的优势；② 行业发展趋势很好，企业却不具有优势；③ 企业具有品牌优势，实力雄厚，想更快更好地发展壮大。针对上述不同情况，企业应该怎样应对？如何制定出正确的战略，使企业源源不断地获取竞争优势呢？

显然，战略为企业发展指明了方向和目标，企业应基于对外部环境和企业自身能力的分析，以充分地利用自己的优势抓住市场所提供的机会，有效地规避可能出现的风险，使企业健康、持续、高效地发展。为了具体地论述企业如何制定出正确的战略和有效地实施战略管理，下面将结合成功企业的实践进行分析。

## 一、蒙牛——新兴成长行业的优势企业应该如何做

当行业发展趋势很好，企业具有某种竞争优势时，应努力抓住大好的发展时机。

### （一）行业发展前景良好

随着我国经济的持续高速增长，人们的消费水平、消费习惯不断发生变化，对牛奶的需求量日益增加，加上由于牛奶包装及灭菌新技术（使牛奶在常温下可保质半年，消除了牛奶对冷链系统的要求，使成本大幅下降）的出现所带来的销售方式的巨大变化，乳制品行业面临即将从区域市场扩展为全国性大市场的极好发展机遇。

### （二）企业奋力成为行业优势企业

1. 公司成立

1999年1月，蒙牛乳业集团成立，欲建"百年老店"。

2. 先建市场，后建工厂（虚拟企业概念）

此时，企业除了有几名对行业技术和管理有经验的人，其他几乎"一无所有"，如果按先建牧场，再建工厂，再拓市场的通常做法，要花费很多年的时间。于是，企业决定引入在制造行业非常流行的"贴牌生产"模式，以尽可能地缩短产品上市的时间，抢在其他企业之前成为拥有全国性市场的企业。液态奶由哈尔滨一家公司贴牌生产，冰淇淋由包头一家公司贴牌生产。贴牌生产的关键在于质量的控制，由蒙牛出人才、标准、管理、技术、品牌，并加以严格控制，使产品质量达到了合格水平。蒙牛运作了国内8个困难企业，盘活了7.8亿元资产，实现了双赢：一方资产激活，另一方创立品牌，不到半年，品牌打响了。

3. 扩大生产能力，确保产品高质量

1999年6月10日，蒙牛集团开始建造中国唯一的"全球样板工厂"，在国内首创运奶车桑拿浴车间，拥有中国规模最大的国际示范牧场。

4. 营销

战略：先难后易，先深圳、北京、上海、香港，再陆续向其他城市辐射。

绝招：免费品尝，买赠。

在深圳，先做居民小区，再做小门小店，后做商场、超市。促销员身着蒙古袍，3～5人为一组，多到几百人。还有遍布深圳主要社区的广告语："提起深圳，你会想到高楼大厦，高科技；提到内蒙古，你自然会想到蓝天、白云、绵羊，还有那从遥远年代飘过来的牛奶的醇香。几千里路来到这里，不尝是你的错，尝了不买是我们的错……"好牛奶自然会说话，这一尝，果然尝出了质量、尝出了魅力，蒙牛牛奶由地摊、小店再到商场、超市，一路绿灯。

蒙牛大冰砖在北京旗开得胜。1999年10月，北京仍然炎热，在北京王府井，大冰砖一天就销出30多箱（卖点：一是冰砖给人感觉很凉；二是冰砖给人感觉很大，很实惠）。1999年11月18日，蒙牛大冰砖首次冲击北京市场。切入点：首指王府井。促销方式：买二赠一（中

国冰淇淋历史上首次买赠）。买赠表现出惊人的爆发力。1999年11月18日进行初推，一天卖出1000箱；至12月18日，上升为一天卖出1万多箱。

2000年，蒙牛产品开始进军上海。上海的人均牛奶消耗量为全国平均量的4倍，居全国之首。在上海，光明乳业苦心经营多年。之前，外地厂商屡战无果。为了缩小与上海巴氏奶的价格差距，蒙牛在产品细分上，最终选择了价格相对低廉的枕奶（45天保质期，也能让消费者觉得更新鲜）。为了能打开上海市场，蒙牛还找了两个利益伙伴——利乐、上海烟糖公司，一起去打开这个艰难的市场，采取的方式是免费试用。蒙牛借助网上销售平台"易购365"，首先采取产品试用模式，将牛奶样品免费送给精心挑选出的5000户家庭品尝，随后进行一定程度的跟踪和回访。接着，蒙牛又委托"易购365"向目标消费者发送奶票，奶票的价值正好是一个家庭一个月的牛奶用量。当免费试用的牛奶费用花到800万元时，两个"伙伴"感觉上海市场像个"无底洞"，便打起了"退堂鼓"，共给了140万元后就终止了合作。只剩下蒙牛一家继续往前冲，当买赠费花到1000万元时，上海市场一下子就打开了。从销售渠道看，蒙牛开发上海市场的过程，实际上分两步：第一步，以"易购365"等网上销售为引擎，以免费品尝为手段，牵引产品起飞；第二步，以网上销售已经赢得的有利地位——品牌知名度与消费群为条件，与大型商场、超市谈判，迅速低成本地将产品销售扩大到传统销售渠道。

5. 树品牌，善于借势

1999年4月1日，在呼和浩特，人们一觉醒来，突然发现所有主街道都戴上了红帽子——道路两旁冒出一个个红色路牌广告（300多块），上面高书金黄大字："蒙牛乳业，创内蒙古乳业第二品牌"。蒙牛第一个电视广告："蒙牛乳业，再创内蒙古名牌。"共生共赢战略的实施：2000年9月，蒙牛在和林生产基地竖起一块巨大的广告牌，上面高书："为内蒙古喝彩。"下注："千里草原腾起伊利集团、兴发集团、蒙牛乳业，塞外明珠耀照宁城集团、仕奇集团，河套峥嵘蒙古王、高原独秀鄂尔多斯、西部骄子兆君羊绒……我们为内蒙古喝彩，让内蒙古腾飞。"2001年6月，蒙牛又率先提出建设"中国乳都"的倡议，启动了以地区品牌带动企业品牌的大品牌、大营销战略。从历史上看，草原是牛的故乡、奶的摇篮。千百年来，人们一提起内蒙古，首先想到的就是"天苍苍，野茫茫，风吹草低见牛羊"——草原文化就是给内蒙古的最大一笔无形资产。

蒙牛在非典时期是第一个向国家卫生部捐款100万元的企业。

航天员专用奶告知行动。经从市场到工厂、从工厂到牧场的层层选拔，并通过物理的、化学的、生物的多次检验，最后蒙牛牛奶从众多品牌中脱颖而出，2003年4月被确定为"中国航天员专用牛奶"。

蒙牛产品于1999年4月问世，这一年总共募集资金1000多万元，其中30多万元用来打了广告，用来做"无形资产"（见表2-1）。

表2-1　蒙牛早期的成长数据

| 年份 | 年销售收入（亿元） | 国内产业排名 |
|---|---|---|
| 1999 | 0.37 | 119 |
| 2000 | 2.47 | 11 |
| 2001 | 7.24 | 5 |
| 2002 | 16.68 | 4 |
| 2003 | 40.71 | 3 |
| 2004 | 72.14 | 2 |
| 2005 | 108（伊利121.75亿元） | 2 |
| 2006 | 162（伊利163亿元） | 2 |

注：2005 年，伊利年销售收入为 121.75 亿元；2006 年，伊利年销售收入为 163 亿元。

（三）成功原因分析

1. 准确预测时机和保证产品质量为其奠定基础

蒙牛这段时期的成功是由于准确地预测到乳制品行业即将迎来飞速发展的大好机会，分析了公司的条件和能力，确立了长远战略目标，用以凝聚员工，激励斗志，有效合理地进行资源配置；密切关注新技术的运用所带来的巨大机遇，掌握乳制品生产的核心技术，保证产品质量和口感。

2. 贴牌生产为其赢得先机

在自身没有牧场和工厂的情况下，蒙牛运用最新的管理理念和管理方法，先由别的企业为自己"贴牌生产"，通过先建市场，创品牌，赢得了先机，占据了主动地位。如果等牧场和工厂建起来后再去建市场，那么一是资金远远不够，二是会失去先机。因此，为了企业的长远发展，企业应迅速增强自己的生产能力，以确保产品质量和规模，做到行业领先。

3. 广告和公共事件营销是其强项

因品牌知名度对大众消费品生产者有重要作用，蒙牛通过大量做广告，使产品及品牌深入千家万户。蒙牛善于借势、巧于借势，也是其快速成长的原因之一。为顺应消费方式和消费习惯的变化，满足消费者对天然、无污染乳制品的追求，蒙牛充分地利用了内蒙古的文化遗产，传递绿色和环保概念，采用了正确的营销策略和手段，迅速打开并占领了市场。

4. 共赢战略展现其大度

蒙牛正确地实施共生共赢战略，处理好了与竞争伙伴关系。如果蒙牛和伊利存在恶性竞争的话，则最后很有可能导致两败俱伤。现在这两家乳业巨头共同占据了我国乳业的半壁江山。同时，处理好与供应商、销售商的关系，为用户创造更多的价值，从而形成共赢的局面。

蒙牛通过对环境和自身能力的分析，通过技术创新、管理创新等途径，有效地利用了财务、营销、生产、研发等手段，成功实施差异化战略，通过创立名牌，逐步成为行业的领先企业，取得了辉煌的业绩，成为成长冠军。

（四）应当吸取的教训——质量第一、诚信为本

非常遗憾的是，在 2008 年的"三聚氰胺"事件中，蒙牛公司也陷入其中，而且随后还出现了虚假广告等问题，让客户对蒙牛公司等我国乳制品知名企业失去了信心。从蒙牛公司所出现的问题来看，公司过分地看重广告和营销的作用，对产品质量和信誉的重视程度远远不够，没有从长远发展的角度把产品质量和公司声誉放在第一位，这是企业发展战略的失误，使公司陷入了非常被动的境地。一个企业成为新兴快速成长行业的优势企业后，能够获得在该行业长期生存和发展的可能，是众多企业梦寐以求的，但是应以诚信和质量为基础，稳健地发展，而不能急于求成，拔苗助长。

## 二、新兴铸管公司——成长行业里的众多劣势企业应该怎么办

（一）行业中的众多劣势企业是难以长期生存的

虽然行业的发展趋势良好，但行业中有实力强大的优势企业作为劣势企业的竞争对手。优势企业在品牌、质量、技术和管理等方面具有优势，能不断地吸引更多的消费者购买产品，在市场中形成强者恒强的局面，然后就会逐渐形成为数不多的几家优势企业占据该行业绝大多数的市场份额的情形，行业排名较后的劣势企业就会被慢慢淘汰。

（二）行业中的劣势企业应另辟蹊径

即使经过最大的努力后，劣势企业在该行业内也形不成竞争优势，此时劣势企业该怎么办呢？

通常大多数企业都会遇到这样的问题，因为行业的领先企业毕竟很少，劣势企业另寻出路是最好的办法。

（三）新兴铸管公司努力成为该新兴行业的优势企业

1. 战略决策的形成背景

新兴铸管公司的前身位于大山深处，是规模不足 10 万吨的小钢铁厂。1998 年，完成 30 万吨钢技术改造之际，正值国内钢铁市场第一次升温。倾力发展钢铁，成为当时绝大多数冶金企业毫不犹豫的选择。新兴铸管公司却在冷静地思考之后，逐步认识到：企业规模小、实力弱、产品单一、附加值低，在行业竞争中无优势，缺乏继续发展钢铁的条件与能力，只能另辟蹊径，夹缝求生。新兴铸管公司决定不走钢铁外延扩展之路，寻求"大厂不愿干，小厂又干不了"的新产品。

从 1988 年至 1991 年，新兴铸管公司花了 3 年时间对国内外市场进行调研，发现了与本产业的相关进口产品"球墨铸铁管"是在 1960 年左右兴起的。这种产品是传统灰铁管的更新换代产品，具有耐腐蚀性和高延展性，技术含量和附加值较高，在发达国家被广泛

用于输水、输气工程，我国重点工程也开始出现以球墨铸铁管取代灰铁管的趋势，而且基本依赖进口，进口价格为 8000 万 ~ 10000 万元 / 吨，为钢材的 2 ~ 3 倍，我国每年花费 8000 万 ~ 1 亿美元进口球墨铸铁管。另一产品为磨球，年出口量为 80 万 ~ 100 万吨，出口价为 4000 ~ 5000 元 / 吨。公司很重视这两个产品。

新兴铸管公司确立了发展球墨铸铁管的产品方向。市场虽刚起步，技术含量高、附加值高、潜在市场广阔，但须有相当规模才有效益，资源共享、充分利用能降低成本和风险；产品定位于城市公用工程，服务对象为自来水和燃气供应公司；铸铁管生产流程短，对能源依赖性小（仅为钢的 30% ~ 40%），建设周期短，投入产出高。

风险研究：第一，开发市场有风险，如果市场开发不利，则投产之日可能就是停产之时；第二，技术难度较大；第三，有一定资金风险，需贷一部分款。

经过 3 年的调研及科学论证，1991 年新兴铸管公司正式向国家计划委员会（简称为国家计委）申报铸铁管立项，向全体职工宣布进行产品结构调整战略决策。

2. 战略决策的目标

3 ~ 5 年内以最快的速度掌握铸铁管核心技术，形成自主创新开发体系，主要经济指标全部达到了国际先进水平。1995—2000 年，跻身世界铸铁管三强。

3. 战略决策的实施与管理

（1）排除干扰，坚定不移。当时正值市场上第二次"钢铁热"，钢涨价，钢铁企业从中获得暴利，公司做好了职工思想工作。一年后，钢铁市场急剧下滑，产品调整战略才真正为大家所接受。

（2）自我积累与多渠道筹措资金相结合，保持铸铁管发展速度。公司自我积累 12 亿元，利用外资 2.5 亿元，兼并盘活存量资产 5 亿元，上市募集 11 亿元，有效地规避了大量举债发展的风险，生产规模迅速扩大。1995 年，铸铁管产量为 4.65 万吨；1999 年达 22 万吨（提高了 5 倍），逐步实现了规模经营。

（3）不断掌握核心技术，支持铸铁管持续开发。结构调整之初，发达国家只卖产品，不卖整体技术和设备。新兴铸管公司采用"分兵战术"，从德、意、美分别引进部分关键设备，与自主开发相结合，以创新为主，用了一年多的时间终于打破了西方的技术垄断，走在了国内其他同行的前列。

4. 通过"惊险一跳"实现产品与市场接轨

（1）先国外，后国内，以出口促内销。1993 年，新兴铸管公司第一期工程开始投产，国内当时对铸铁管还没有真正的认识，尽管做了大量准备工作，并在各地建立了销售网络，但没有接到一个正式国内合同。形势严峻，新兴铸管公司果断抓住一个出口的机遇，冒着可能承担上千万赔偿费用的风险，签订了第一个订单——向叙利亚出口 7000 吨铸铁管合同，背水一战，开足马力，保质保量地按时完成了合同，最后共计完成了21 000吨出口任务，第一年即盈利近千万元。

（2）先要市场，后要利润，随后抢占市场制高点。1995年国内铸铁管开始启动，相继又有几家新企业投入生产，竞争开始加剧，价格也开始下滑。这时是保利润还是争夺市场份额？从长远看，市场份额比眼前利润重要得多，公司制定了先要市场、后要利润的方针，采用这一战略，使产品在发展初期亏了3000多万元，但销售量却成倍上升，两年内超过了10万吨，每一吨产品的成本在两年内下降了990元。截至1997年，新兴铸管公司彻底扭转亏损，盈利3100万元，生产经营从此步入正常的盈利期，1999年盈利9600万元，2000年销售超过25万吨，实现利润1.2亿元。

（3）先抓市场开拓，后抓产品开发，以市场带动开发。新兴铸管公司依靠遍布全国的营销网络，迅速反馈得到用户意见，以市场需求和预测带动产品开发，以订单确定生产计划，以用户满意度为生产标准。

2001年，新兴铸管公司综合技术能力和生产规模已上升为世界第二位，彻底打破了少数国家对球墨铸铁管技术和市场的垄断，结束了中国离心球墨铸铁管依赖进口的历史，成了国家520家重点企业之一。

### （四）成功原因分析

1. 退出不具竞争能力的钢铁行业

虽然钢铁行业发展前景好，但新兴铸管公司毕竟实力太弱，即使倾力发展钢铁也不能改变劣势，而只有优势企业才能在行业中生存更长的时间，获取更多的利润。新兴铸管公司正确认识到继续加大在钢铁行业的投入不但没有意义，而且投入越多风险越大（很多失败的企业就是没有认识到这一点），因此考虑从钢铁行业退出，进入新的潜力行业并努力做成该行业的领先企业，从而获得了很大的竞争优势（战略分析）。

2. 进入球墨铸铁管领域

新兴铸管公司选定进入球墨铸铁管领域（战略转移），一是因为新行业与钢铁行业相关，可利用现有的资源和能力；二是该产品在国外已被广泛运用，国内空白，我国市场前景广阔。而且大企业认为这个市场吸引力不够大，不愿干；小企业因为技术含量高、投资规模大而干不了。

3. 在新进入行业尽力成为优势企业

新兴行业的竞争不激烈，一个企业更容易成为该细分市场的优势企业（战略目标可实现）。经过分析，新兴铸管公司认为在球墨铸铁管行业，经努力能够形成优势，故可采用大胆的发展战略。于是，新兴铸管公司通过各种渠道筹措资金达28.5亿元（财务策略），降低了财务成本和风险，采用集中战略迅速形成了大规模生产能力。对于中小型企业，选择有广阔发展前景的行业，在所进入的细分市场成为优势企业，是一条切实可行之路。在市场启动时，新兴铸管公司先通过低价格占据市场（营销策略），然后充分地发挥自己的巨大生产能力，利用规模效应产生价格竞争优势。坚持以市场为导向，用技术创新（技术策略）满足消费者的需求，创造出差异性，通过实施名牌战略，在用户心目中树立好的形象，建立起用户信赖和忠诚，有利于帮助企业长期发展。新兴铸管公司进行了正确的战略分析，有效地实施了战略转移，运用各种职能策略保证了战略目标的实现，在新进入行业成为优势企业，使企业迅速发展壮大，是正确的战略使其走向成功。

### 三、海尔的多元化——知名企业如何成功实施多元化经营

（一）从长期来看，多元化经营其实很难

当一个企业在某一行业已是领先企业，具有品牌优势，实力雄厚，资源、能力过剩时，不少企业想更快、更好地发展壮大，于是选择进入不同的行业（多元化），但多元化后的企业也容易陷入困境。

（二）海尔多元化的特点

1. 驰名的家电品牌

海尔创立于1984年，原是一家20多人的集体企业，负债147万元。1985年至1991年，海尔主抓质量，7年间只做一个冰箱产品，实施差异化（名牌）战略，磨出了一套海尔管理之剑——"OEC管理法"（全方位优化管理法），奠定了坚实的管理基础。

2. 相关多元化管理

1992年至1998年，海尔走低成本扩张之路，围绕家电领域实施多元化战略，吃家电领域的"休克"鱼，靠品牌和文化，以无形资产盘活有形资产，成功实现规模扩张。

3. 国际化战略

1998年至2005年，海尔实施国际化战略："先难后易"，先打开美、德等发达国家市场，再打开其他国家市场，"先产品出口，后投资建厂"。当产品出口到一个国家的数量远大于在该国建厂的盈亏平衡点后，才在该国投资建厂。

由于战略正确，管理到位，海尔得到快速发展。1984年至2004年，海尔平均年增长速度达到68%。2005年，海尔全球营业额达1039亿元。

（三）成功原因分析

1. 树立质量第一的观念

海尔在发展初期就实施名牌战略，重视产品和服务的质量，在家电业快速发展期间，不盲目上规模，而是把质量放在第一位，使管理上水平。在行业快速发展期，企业除要努力扩大产量外，也应抓好质量，建立起品牌优势，才能在行业增长速度趋缓进入饱和期后，当产

品供大于求时，吸引用户来购买企业的产品，从而使企业获得更长远、更好的发展，海尔正符合这一规律。

2. 打好坚实的管理基础

海尔的制度和文化不仅是写在纸上的，还是牢记在员工的心里的，更是落实在行为当中的，成为员工行为的规范和指导。

3. 实施低成本的相关多元化

经济缓速增长时期的多元化战略往往是导致失败的陷阱。而对海尔来说，相关多元化却是一条快速扩张的捷径。秘密何在呢？

海尔的多元化是相关多元化。海尔将已经获得的成功管理经验应用在新进入的行业，凭借的是名牌优势，以文化先行，用极低的成本甚至是零成本去兼并有发展潜力（只是由于经营不当暂时出现困难）的企业，其出色的管理很快便有了效果，这是成功的关键。另一条多元化成功之路是非相关多元化，通过选择有潜力的行业，进入其中，由小做到大，成为行业的领先企业，通用电气公司就是这么做的。实施多元化战略应注意新进入的行业不能稀释现有的名牌，只有在相关的多元化领域努力做到行业领先，为名牌增加新的内涵，提高品牌优势，多元化才能成功。一个企业如果要想成为世界名牌，就需要有世界的视野，有稳健的跨国经营战略，合理利用全球的资源，占领国际市场。

海尔"先难后易""先产品出口，后投资建厂"的战略被证明是正确可行的。海尔是名牌战略、多元化战略、跨国战略成功的典范。多数企业采用多元化战略时，都发生了战略的错误，例如对欲进入行业的发展前景、市场的大小、竞争程度、盈利水平、对手的行动、自身的能力、可能的风险的分析不够或不客观，导致在进入不同领域后管理跟不上，使企业在新的行业不具竞争优势，甚至因产品或服务不好而影响到企业已创下的名牌声誉，使名牌的含金量被稀释了；加上并购企业所用资金一般是银行贷款，成本很高，财务风险很大，当外部环境发生变化时，企业可能就会承受不了，从而走向失败。

# 第三章　企业管理的基本模式

## 第一节　经济法视角下的中小企业管理模式

新时期，随着信息技术的快速提升，企业之间的竞争越来越激烈，中小企业发展也随之受到影响。中小企业在我国经济发展中发挥着重要的作用，不断地探索中小企业的管理模式，提升其竞争力，对于我国国民经济的发展具有重要的意义。本节在经济法视角下，对中小企业管理存在的问题进行分析，寻求相关的解决措施，从而完善中小企业的管理模式。

### 一、经济法与中小企业的关系

经济法是指国家出台调整经济关系的相关法律法规。经济法在我国经济发展中发挥着重要的作用，经济法可以保证社会经济活动按照相关的法律依据进行，促进整个社会经济发展的公平公正，保障社会整体的经济利益，对社会内部的资源进行优化，促进整个社会经济的发展。

经济法可以调整经济关系，维护广大中小企业的合法利益。当前，经济活动形式多样，涉及的经济关系也相对较多，经济主体的形式日益多样，经济矛盾逐渐增加。因此，需要经济法有效地调解各种经济关系，化解经济矛盾，对日常社会的经济活动进行约束和调整，保证整个社会经济朝着安全、稳定的方向发展，促进社会经济的长期可持续发展。经济法可以为中小企业的发展提供服务和保障。当前的经济活动非常多样，层次高低不平，尤其近年来，我国的商品交易活动频繁，经济主体之间的矛盾逐渐复杂化。在生产交换规模逐步扩大的情况下，各种经济矛盾逐渐凸显，对当前复杂的经济环境产生了较大的影响。经济法可以对经济活动进行适当的约束和调控，从而保证当前的商品生产交易活动有序进行，保障中小企业公平地参与市场竞争。

### 二、经济法视角下中小企业的管理模式

中小企业的管理模式是指中小企业发展的管理理念、管理方法、管理程序和管理制度等完善的管理体系，并且在企业发展中发挥着非常重要的作用，也是企业在日常运行中必须自觉遵守的管理规则。当前，中小企业的管理模式主要包括亲情化、合伙化、随机化和制度化的管理模式。中小企业亲情化的管理模式指的是通过家庭血缘关系所建立起来的企业管理模

式。这种管理模式可以增强企业整体的凝聚力，尤其是在企业创业阶段可以发挥非常重要的作用。但是当企业发展到一定规模之后，亲情管理模式就会出现很多问题。合伙化的管理模式指的是创业人员通过人际关系网形成的企业管理模式。这种管理模式具有较强的凝聚力，但是企业合伙人之间也可能会因为权力或者是经济利益而产生矛盾，这对于企业自身的发展会产生很大的影响。随机化的管理模式指的是企业的经营和管理相对随意，缺乏完善的管理制度，尤其是企业自身的发展也缺少计划，中小企业发展管理者的决策在通常情况下会相对随意，这对于员工来讲是非常难以接受的，对于企业的发展也非常不利。因此，这种管理模式会对企业的管理产生非常大的负面影响。制度化的管理模式指的是中小企业制定出完善的规章制度。对企业的日常运行情况进行约束，这是企业良好发展所必须具备的条件，只有当制度完善时，企业的内部才能够进行细化管理。同时，中小企业应该充分发挥制度的灵活性，让管理的效果更好，充分展现出管理模式的优势。

在互联网技术应用的情况下，虽然中小企业的管理方式已经进行了创新，但是纵观我国中小企业的实际发展情况，有效的管理规范是非常重要的，只有在完整的管理机制下，中小企业才能够持续发展，而在经济法视角下，中小企业在实际管理当中存在着以下几个问题。

### （一）中小企业缺乏行政监管

当前中小企业的发展缺乏完善的行政监管，尤其是在三、四线城市当中并没有针对中小企业建立相关的监督管理部门。中小企业的监督和管理分摊给每个行政监督管理部门，对于中小企业的监督权责划分不够明确，行政监管缺乏统一的指挥，各个部门的市场准入原则和标准不统一，导致中小企业的管理过程中还存在着一些问题。对于中小企业的市场竞争中出现的不正当竞争或者是消费权益被侵害的现象，各个部门的处理方式相对消极，相互之间推诿责任，导致违法的中小企业无法得到有效的处理，使整个市场环境受到影响。

### （二）中小企业自身的权益无法得到保障

中小企业以盈利为主要目的，只有在盈利的情况下，中小企业才能够不断地拓展规模，不断地提升自身的竞争力。但是，在当前市场经济条件和缺乏相关法律监管的情况下，众多中小企业为了追求最大化的经济效益，导致自身的建设常常会出现问题。在当前市场经济竞争越来越激烈的情况下，我国的相关法律十分重视对于消费者合法权益的保障，但是却忽视了对于中小企业自身的保障。中小企业内部管理力度不足，在整个市场当中就会缺乏竞争力。同时，由于中小企业自身建设不足，向消费者传递了错误信息，消费者的权益也会受到侵害。因此，中小企业的权益保障是非常重要的，只有保障中小企业的权益，加强中小企业的内部建设和对于自身的监管和约束，才能不断地提升中小企业的市场竞争力，中小企业才能够得到良好的发展。

### （三）中小企业的财务缺乏监管

中小企业大多数都采用家族式的管理体制，所有权和经营权之间呈现高度统一的状态，也就是说企业的投资者同样也是企业的管理者，那么在中小企业的管理者缺乏相关管理知识的情况下，其财务管理就会出现盲目的状态。当前我国相关的法律法规针对中小企业财务控制的具体措施相对不足，并没有针对中小企业的资金运用情况和财务风险控制等方面制定有效的法律法规，这对于中小企业自身的发展是非常不利的。同时，由于中小企业亲情化、合作化的管理模式，从而产生财务风险控制不足，容易导致中小企业的发展受阻。

## 三、完善中小企业管理模式的策略

### （一）切实保障中小企业的发展

政府部门需要加强立法，通过相关的法律规定来推动中小企业有序发展，为中小企业提供良好的环境。在整个中小企业的发展和社会经济发展方面，重视中小企业的发展，加强中小企业的规范，对中小企业的管理模式进行科学、有效的规划，密切关注中小企业的发展方向，包括中小企业的资金运用以及中小企业的战略决策等，逐步推动中小企业产业结构的升级。

### （二）完善中小企业的管理体系

当前中小企业在发展中存在着诸多的问题，需要行政监管使中小企业能够依法运行。近年来，中小企业的违法数量、违法主体呈现出了新的特征，给行政机构的执法也带来了新的挑战。在此情况下，政府部门需要逐步完善行政执法的依据主体和方式，建立新的行政监管体系，从而加强对于中小企业的管理，保证中小企业的发展。

### （三）加强中小企业的资金管理

为了保证中小企业合理地调动资金、防范财务风险，需要从立法的角度对中小企业的资金活动进行详细的规定。中小企业需要根据自身的规模和生产情况来合理安排资金的收支情况，从而保证中小企业能够满足日常经营的需要。同时，需要加强对于中小企业的财产控制，建立完善的内部控制制度，维护中小企业的财务安全，在中小企业内部形成有力的控制，结合企业自身的发展来加强财产的管理。

中小企业是市场经济中重要的成长力量，对整体经济的发展起着推动作用。中小企业也是未来大中型企业的发展阶段。中小企业是市场经济中不可忽视的重要力量，在市场竞争中面对不同的竞争者，需要公平、公正的竞争环境，需要经济法维护其合法利益和保障其良好发展。现阶段，中小企业的管理模式还存在着很多不完善的地方，这已经成为企业发展的阻碍，也成为社会经济不良发展的重要因素。在经济法的视角下，需要加强对于中小企业财务的监管，从立法的角度来规范中小企业的经营情况；同时，需要完善行政管理体系，强化对中小企业的监管。中小企业的管理具有自身的特点，企业需要结合自身的需要不断完善和修正管理策略，在不断的探索中寻找到符合自身发展的管理模式和路径；在不断壮大的过程中，运用先进的管理理念和手段促进自身成长。

# 第二节　基于物流经济的企业管理模式

随着互联网时代的来临和计算机技术的高速发展，人们的生产、生活方式正在发生翻天覆地的变化。网络购物已经成为当今重要的商品交易模式，同时带动了物流行业的迅速崛起。全国各地每天有上千万件物品在物流企业进行分拣分发，在带来可观经济效益的同时，也对传统商品交易模式和商品生产企业提出发展创新的警告。研究物流经济在未来市场中的发展趋势，对研究企业管理模式推动的革新力量尤为重要。

虽然物流经济研究已引起广泛重视，但是相比不断创新、改革的物流技术，我国对于物流经济机理的研究相对落后。本节从物流行业发展的历程和物流经济的定义方面，深入探讨了物流经济对于现今企业管理模式的影响，并对传统企业在新时代下革新所面临的问题进行研究并提出解决办法，旨在为未来市场发展中企业自身管理、革新、占据市场主动权提供一定的参考。

## 一、物流经济的原始定义

物与流最开始作为基本组成要素，组成了最早的物流基本活动方式。在物流活动中存在本质的物质资源的物，其在最开始表示一切可以进行单纯的物理性运动，并且以具体形式存在的物质资料。而在物流活动中存在的流，则表示一种特定的载体为物质资料的物理运动方式。在现今经济环境中，物流的定义不仅是传统意义上物与流所产生的单纯合作与相互作用，在时代发展和市场不断变化的情况下，物流被赋予更加深远的意义和定义，一直随着人类物流活动的发展，在不同事情上进行不同模式的进化，逐渐被人类社会所定义。

物流活动随着人类社会发展中物质资料交换和生产方式的改变而产生。生产资料和生活资料的生产与消耗一直存在时间和空间上的不同，人类社会在进步的过程中，需要将物品运送至起初设定好的地点进行储存，再加以生产、交换和消费。在古代，物流只是作为简单的物与流相互传递方式而实现其存在价值。随着时代的高速发展，物流模式也不断被重新定义。

在最初的生产、生活中，物流活动被赋予的相应概念更加偏重于商品物质与相应地点，或者客户群体位置而做出的相对运动，可以单纯地说是商品从制造商手中转移到客户和最终用户手中的一种交易方式，也可以说是一种传递方式，而一直没有被定义到商品消费。物流活动处于较早之前的时间段下，单纯被作为一种连接生产和消费的经济手段。因为上述原因，生产商一直都不重视物流生产和销售面对市场经济所产生的盈利，以及在市场调节过程中可以实现的活动的作用。随着时代的发展和市场经济的不断完善，现代社会对物流活动进行了新的定义，更加强调其为使相关用户得到更好的用户体验，连接供给方与需求方，并在其间建立相应链接，使整个交易行为得以顺利完成。它不仅做到了空间上的超越，同时也完成了对时间限定的解放，有效、快速地将商品在市场上的流动更加完善地表现出来，从而可以将现今的经济活动演绎得更加完美。物流活动一直以来奉行的标准是，以最高的目标、高质量的服务，在安排好的时间内，将商品以良好的状态，高效率、低成本地送达客户要求的地点，实现客户和企业共同受益，并且建立相应的诚信机制。

物流经济学作为新兴产业所衍生出来的学科，是研究在目前经济活动中物流系统内部所需要的相应科学依据；并且在物流活动中相互影响、促进发展的经济关系，是运用宏观经济学、微观经济学、产业经济学、工程经济学、物流学、运筹学等相关学科理论，研究物流资源合理化运用及配置、现今物流市场中的供求关系要素、宏观物流行业的指导性发展、物流产业组织形态变更需要规范和相应遵守的规律、物流产业可持续增长等问题的一门应用性学科。宏观经济学、产业经济学和中国宏观物流问题是这个学科研究得以形成的课题和目标基础。这个学科以进一步进行宏观物流与现今市场经济发展趋势分析，配合物流产业发展所必须遵守的政策为主要特色，目的在于探索和建立现代市场经济发展中所产生的物流学科理论体系，研究现代社会生产、生活中的物流行业发展所必须遵守的国家政策和规章制度；而相对于国家宏观经济政策而言，则是相互利用和推动发展的关系，并且应按照市场和企业要求，对现今物流行业提出发展方式和解决办法的决策性建议；在此同时，又要利用微观经济学、技术经济学等相关学科和理论依据作为辅助，重视目前在微观物流活动中所产生的经济问题，并且对相应问题做出正确决策，实施改革方案，为企业微观物流活动的科学化、合理化、可持续化、最优化提供理论支持和研究讨论。

物流学和经济学相互交叉，整合它们的不同特点并且综合到一起进行讨论、研究，就形成了现今的物流学。究其本质，物流学是一种现代经济学，是其中的一个分支，是把现代物流行业作为研究对象，并且进行详细研究和讨论，提出问题和解决问题的一个学科。物流活动是物流学的主要研究方向。物流学是按照市场经济发展规律，根据经济现状所需要的经济目标来分析如何进行物流活动，并且将其进一步发展和优化的一门应用性质学科。物流经济学同一般经济学一样，具备所有经济学的特点——利用最少的经济资源来取得最大的经济效益。物流经济学探讨的是实施物流活动过程中所必需的物流资源，包括人、财、物的合理化分配和利用。

## 二、物流经济运用的分析方法

在物流经济活动中运用分析方法是进行物流经济活动运作分析不可缺少的手段。对于物流经济活动必须遵循的要求，必须进行主要的经济学基本分析，再加以深入地研究和探讨，帮助现代社会企业管理者制定更加精确和适合时代背景的物流经营管理方针。具体包括：供求关系和物流市场机制之间的相互作用分析、物流服务产品的运作决策分析、物流成本分析、时间效益分析、空间效益分析、规模效益分析、创新效益分析、物流宏观效果分析。

### 三、加强物流经济相关研究的必要性

宏观经济和微观经济问题共同组成物流经济在当今发展过程中所必需的一切经济条件。物流产业发展与国民经济和产业发展间的相互作用关系是宏观经济问题研究的主要方向。相对于宏观经济，微观经济研究的问题更加侧重于物流行业管理出现的决策问题，这也是解决在物流活动中作为企业决策者为将利益最大化和成本最小化而做出决策的主要过程。经济目标一直是物流活动得以盈利、发展、不断进步和革新的主要任务和目标。实现经济目标会受到各种客观因素的影响，导致经济目标在一定程度上无法完成，客观因素还包括自然资源、社会资源等。

对于企业发展和管理模式的研究侧重于物流经济的微观经济问题，主要包括深入研究物流经济在当今企业发展道路上所起到的作用，讨论物流经济在企业发展中的必要性和出现的问题，探讨在未来发展中企业应如何改变发展战略、迎合时代要求，进而增加物流经济在企业中的分量，从而达到快速发展的目的。

### 四、物流经济对于企业管理的意义

#### （一）提高企业经营者的管理水平

总的来说，企业经营者所具备的知识系统可以分为以下几个方面：成本收益所需要的分析方法，其主要在于需要与可能范围、条件之间的相互平衡关系；在更高层次上则要求更加高端和远瞻性的哲理思维模式知识支撑，其主要在于把握实质，这就强调在经营决策中将眼光放得更加长远，具有长远发展计划。

#### （二）拓展宏观经济在物流经济下的管理应用

随着时代的不断进步，科学学科门类增加，物流经济学在时代背景下作为新的学科应运而生。它是一种强调应用的应用门类学科，是对物流经济活动、物流活动现今理论的总结与关联运用。现代社会的物流要求更加成熟的产业链条间的关联程度，以及各产业间更进一步的相互联动效果。它不仅涉及水上航路、陆地公路、铁路运输、航空运输、管道运输五大运输方式的相关企业和政府职能部门，还涉及交通、运输、仓储、包装、通信等相关产业或者设备生产方面的企业；不仅与各大产业息息相关，还涉及国家财政、税收、海关、检疫等相关管理部门。

## （三）有利于现今社会各领域企业的不断进步与革新

物流产业适用于任何形式的企业，其中最主要的是生产企业。物流产业依附电商行业的发展，而电商行业涉及市场领域内各种产品，它的出现不仅改变了居民的购买模式，同时也推动了企业革新力量的发展。以苏宁为例，作为老牌的家用电器商城，它为各个电器生产商提供了一个销售平台。而随着互联网时代的到来，淘宝、天猫不断发展，B2C（business to customer，企业对消费者的电子商务）、C2C（customer to customer，消费者与消费者之间的电子商务）销售模式出现，凭借着价格便宜、购买方便等优势逐渐侵蚀着苏宁的市场份额。为此，苏宁借鉴了电商行业的发展模式，利用现今物流经济的壮大发展，创立了属于自己的网络销售平台——苏宁易购。2012年，苏宁易购实现实体商品销售额152.16亿元，虚拟产品销售额15亿元。根据苏宁易购2011年的销售额59亿元来计算，2012年销售额增长183%。

在市场份额被逐渐侵蚀的情况下，苏宁利用新时代技术革新，创造了新的销售传奇。物流技术支撑的互联网购物方式成为很多制造商、经销商发展的一大方向，推动着相关企业管理的不断进步。

## 五、企业管理模式探讨

### （一）企业管理模式与方法

企业管理模式一般代表着为达到相应的经济效益和经济目标，企业所做出的相应调整、相关生产活动的基本框架和实际操作方式。比较具有代表性的现代企业管理模式与方法有：企业资源计划（enterprise resource planning，ERP）、制造资源计划（manufacture resource planning，MRP II）、准时生产（just in time，JIT）、精益生产（lean production，LP）、按类个别生产（one of a kind production，OKP）、最优化生产技术（optimized production technology，OPT）、供应链管理（supply chain management，SCM）、企业流程重组（business process reengineering，BPR）、敏捷虚拟企业（agile virtual enterprise，AVE）等。在现代社会企业生产和销售管理上，企业管理模式对市场信息收集和处理提供了一种有利的方式，并且为信息整合分析系统提供了强有力的理论基础。

### （二）企业管理的基本特征

（1）信息管理是市场决定企业管理的一个重要方向，信息的收集、处理、加工和传递的相关操作和操作部门要做到能够根据市场变化及时做出相应反应，这就需要市场信息保持完整及对收集来的信息进行合理化处理和分析利用，以便企业管理者做出正确决策。

（2）企业资源配置的有效利用是合理和有效的业务流程，企业对于市场信息的收集与整理将会影响企业对于整体资源的合理化配置和综合利用。

（3）由于企业是由人组成的生产集体，其应该遵守以人为本的企业理念，积极地调动人员的工作积极性，并且将权利下放到个人，使得每个员工都有权利参与企业的进步与发展。而且随着企业的不断进步与发展，企业内的技术与科学设备会不断更新与发展，所以迫切需要更多高素质人才的加入，将企业建设得更加完善。

## 六、企业管理所面临的问题

### （一）企业管理理念的改变

在现代企业中，管理者充当着非常重要的角色，其个人能力和对市场的分析能力将决定企业的发展与进步。在以市场为主要导向的企业管理模式中，甚至要求企业内的每一个员工，不论在哪个部门，不论职位高低，都要参与企业未来发展和应对市场变化的决策，利用集思广益的方式，推动企业进一步改进。因此，企业上层管理人员应该做到将权利下放到各个部门甚至每个员工，做到集体决策，将企业从人制转变为更加具有理性特征的法制，在企业内部发挥员工的积极性和主动性，这对于企业应对市场变化具有十分重要的意义。

### （二）企业领导职能的相应改变

市场变化引导的企业管理模式能够使企业运行机制发生改变。作为企业的领导者，董事会不应该是企业发展决策的制定者，而应该是对决策进行分析和最后决定是否实施的决策者。集思广益、全员参与是实现企业管理民主化的一个重要标志，体现着每一个员工都是企业的一员，都肩负着企业发展和不被市场所淘汰的重要任务，是市场导向企业管理模式的重要内容。企业管理者的变更可以在很大程度上解决由于个人能力和管理造成的失误而影响企业效益的问题，可以使企业不断进步与发展。

### （三）人力资源的合理开发和准确应用

现代市场环境和新时代下的企业管理模式要求企业在发展过程中有必要建立一个开放、高效、灵敏的，能准确地反映市场经济现状的企业管理系统。现今市场环境瞬息万变，企业所需要收集的市场信息随着市场的变化和市场资源的增加而不断增加。更加巨大的信息资源和解读需要标志着需要更多高端人才进行准确的市场分析和市场调研。随着网络技术和计算机技术不断更新，信息传递和收集速度的提升为市场环境增加了更多信息量，为了更好地利用网络技术，需要更多高技术人才参与其中。高端人才的目标必须与企业整体发展相一致，要与企业有共同的发展理想和未来架构。人才要与企业共同发展，实现企业成长带动人才成长，以及人才成长促进企业成长。

### （四）企业内部体制的不断革新

现今的市场环境决定将在企业内部进行明确的产权分离方式，权利和责任都需要做出明确的分工。对企业进行科学化管理，能够保证企业的可持续发展。并且，为保证企业顺利适应市场不稳定的变化模式，对于企业内部或者外部资金的流动和持股都有很多要求。企业内部人员都应该尽可能地持有公司的一部分股权，促进自己为企业发展贡献力量。大型上市企业应该考虑各控股股东在企业整体资产中的控股成分，改变股权构造结构，使企业管理体制充满活力，更加符合市场经济变化。企业应该在内部不断进行探讨和研究，促进企业发展，保证企业顺利进化。内部体制在一定程度上的革新有利于企业形成资源整合和合理化运用的优势，同时有利于提升企业的市场竞争能力。

市场经济是保证企业发展和不断创新的重要基础，并且提供了环境保障，这在分配制市场环境中是无法完成的。并且，市场经济也可以对企业经营者或者管理者的能力进行准确衡量，其能够很明显地体现企业管理者的能力与执行质量。例如，一个企业所生产的产品在投放市场之后获得了消费者的基本满意，说明这个企业在市场中是被认可的，也说明这个企业的管理者具有很强的管理能力和决策能力。以市场为导向的经济模式决定现代企业必须符合市场的要求，必须按照市场的方向发展。而这些也在不断地提高对企业管理人员素质的要求，督促着企业不断进步与发展，以免被市场淘汰。

### 七、物流经济与现代企业管理模式的相互作用

时代的发展给物流经济带来了新的活力，使商品经济消费模式逐渐发生变化，物流经济变得更加快捷，这要求现代大多数的生产企业转变发展方向，同时也要为新的交易方式制定相应的管理模式。

#### （一）提高企业管理者的素质

物流经济的运用将交易变得更加简便，但给消费者带来一种不安全感。这不仅体现在物流人员方面，而且在商品生产与开发方面，由于顾客无法直观地见到商品，无法保证商品的可靠性。这要求企业管理者不断加强自身管理，提高素质，树立产品信誉，从而提高消费者对产品的信心。

#### （二）改变企业管理者的市场观念

物流经济具有可变性，随市场变化而变化。企业管理者应该将眼光放长远，着重进行市场分析，进行大数据综合，根据最新市场走向对企业的发展方向及时做出调整，以达到利润最大化。现今网络购物是一个重要领域，企业管理者应多注意这一新兴交易模式。

#### （三）体制化更新

在市场经济不断发展的今天，物流经济和互联网经济不断进步，各种电商的出现无疑增加了整个市场的竞争压力。基于此，随时代的发展进行物流经济的体制化更新是非常必要的。

# 第三节　国有企业管理模式

在经济全球化的背景下，我国企业面临着日趋激烈、复杂的市场竞争。国有企业是我国国民经济的支柱型企业，国有企业的发展对社会发展和国民经济具有重要意义。本节简要阐述了国有企业管理模式的基本内容，针对当前国有企业管理模式存在的问题提出现代化企业管理模式的规范化措施，以建立国有企业核心优势，推进国有企业改革，提高国有企业的经济效益，促进国有企业的健康、持续发展。

## 一、国有企业管理模式概述

我国国有企业数量众多，是国有经济的重要命脉，拥有和控制着大量的社会资源，企业资产数额大，生产经营活动具有相对的稳定性，具有独特的发展优势。国有企业对于国民经济和社会发展具有支撑和指导作用，对协调国民经济、促进地方经济发展具有重要的补充和促进作用。我国国有企业管理制度经历了几十年的演变，当前经济全球化和信息技术的发展为国有企业的发展带来了新的机遇和挑战。规范国有企业管理、创新管理模式是适应新形势的必然要求。国有企业现代化管理模式向着权责匹配、产权明晰、重视创新、培育核心竞争力、以人为本的方向发展。

## 二、当前国有企业管理模式存在的问题

### （一）经营管理理念滞后

在管理实践中，企业主要管理者缺乏现代企业制度意识，难以用长远、发展的眼光认识企业管理模式优化的重要性；企业法人制度不明确；管理制度和岗位规范制度不健全，内部结构存在闲置、虚设等冗杂配置；企业内部各部门之间缺乏有效沟通与协调，制约与监督机制缺乏实效性；国有企业党委的领导核心和政治核心作用难以得到有效发挥，最终都将严重阻碍企业的发展。

### （二）管理模式单一，相应配套体制不健全

国有企业管理模式简单、粗放，相应的财务制度、人力资源制度、信息化管理制度等没有考虑现代化企业管理的要求，管理模式缺乏统一性。具体来说，财务管理制度建设缺失，财务制度不完备，财务管理水平不高，不能实现全面预算管理，企业内部控制细节管理失效；缺乏对管理创新的重视，管理信息系统建设滞后；国有企业资产管理标准化、规范化、系统化不足，难以实时收集、整理和分析，并难以迅速做出决策；监督管理体系缺失，缺乏对重要岗位、重点环节的监督管理，企业内部、外部监督体制融合度不足，极易形成管理漏洞。

（三）管理人员素质参差不齐，难以适应新形势管理要求

国有企业管理需要一支素质优良的管理团队，当前国有企业在人才管理模式上与现代企业制度要求仍然存在一定的差距。受传统管理方式的制约，国有企业在优秀人才的引进上缺乏灵活性，在工资待遇上难以与同行业民营企业竞争；人力资源绩效考核体系不完备，对优秀人才的引进和激励力度不够，人才选拔与奖惩机制难以调动人员的积极性和创造性。

### 三、完善国有企业管理模式的应用策略

社会和国有企业管理部门要深化体制改革，加强政策、法律的研究与扶持，落实国家有关政策，创设国有企业发展的良好氛围；国有企业管理者要转变经营管理理念，明确现代企业制度管理要求，明晰职责；结合企业实际构建经济管理模式和体制，优化企业管理机构与体系，加强企业内部统筹与协调，以促进国有企业可持续发展，提升国有企业的竞争力。

### 四、建立完善的管理体系，重视创新

国有企业要重视科技创新，企业管理者要从长远发展的角度实行建设性的改革，创新经济管理模式，形成管理创新特色，创设良好的创新环境；重视信息化平台建设，利用信息化技术改进企业管理模式，实时、科学、规范地优化决策程度；建立现代财务制度，推行全面预算管理，采取强有力的调整措施；强化内部控制，完善监督管理，促进企业内部监督审计、纪委和外部监督发挥监督合力；建立科学的决策机制，加强企业成本控制，有效地规避国有企业面临的各项风险，推动国有企业改革升级。

### 五、培养高素质的企业管理人才

企业之间的竞争归根结底是人才的竞争，企业管理人才是企业管理现代化的前提。国有企业仍要坚持以人为本，建立现代化人才管理制度，为企业的管理提供科学依据和制度保障；要促进员工的职业规划与企业发展融合，拓宽优秀人才引进渠道，建立合理的薪资体系；加强日常业务的考核，强化人力资源与绩效改革措施，发挥国有企业及其员工的积极性；构建学习型组织，建立常规、长期、系统的培训机制，加强员工职业技能培训和专业学习，强化员工职业道德培养，重视员工的培训和选拔，提高员工队伍的整体素质和决策水平，建立高效、协同的团队，实现企业价值增值，促进国有企业管理水平的提高。

综上所述，新形势下优化国有企业管理模式是促进国有企业升级和转型的必然要求，是提高国有企业综合竞争实力的有效手段。国有企业要结合自身发展现状，革新管理理念，建立完善的管理体系，培养高素质企业管理人才，以适应多元化和复杂化的国际市场竞争，从而促进国有企业全面改革和发展的顺利进行。

# 第四节　全面社会责任管理模式

在推动和谐社会建设的过程中，全面社会责任管理模式备受社会各界的广泛关注。企业在落实管理策略和管理工作的过程中也应积极地考虑各种影响因素，明确全面社会责任管理的具体内容以及相关的要求，不断地创新现有的管理策略。其中，全面社会责任管理能够为企业管理模式的有效革新指明道路和方向，保障企业能够建立新型的内部管理机制以及更好地促进管理工作水平的提升。

## 一、全面社会责任管理模式与传统企业管理模式的差异

### （一）管理机制的改变

全面社会责任管理模式更加侧重于对不同管理内容和模式的深入分析和研究。与传统的企业管理模式相比，全面社会责任管理模式在本质上呈现出较大的变化，传统管理机制的转变尤为重要。从目前来看，在社会价值目标的引导下进行的全面社会责任管理模式有许多优势。全面社会责任管理模式在管理机制上发生了一定的变化。传统的企业管理机制大部分以维护股东的合法权益为最终的目的，因此在管理价值取向上以内部管理层为核心，难以真正地实现社会层面的有效过渡，同时在经济效益发展的过程中也出现了许多障碍和不足。全面责任管理模式能够有效地弥补这种落后的管理策略所存在的不足，真正地实现社会资源的合理配置和有效倾斜，保障社会资源的优化利用，积极地承担相应的社会责任，为企业的发展提供更多的依据，积极地树立良好的企业形象。

### （二）管理目标的改变

全面社会责任管理模式在管理目标发生了一定的变化。企业管理模式能够有效地突破原有企业内部管理策略，真正地实现社会责任的有效转移，了解社会发展的主要态势，通过加强与政府部门之间的沟通来更好地将社会责任与现有的经济管理机制相结合，真正地满足企业发展和社会发展的实质需求，从而做到统筹兼顾和全面发展。

### （三）管理对象的改变

全面社会责任管理模式下的企业管理策略在管理对象上发生了一定的变化。传统的企业管理以物力、财力和人力资源的调配和管理为主，这些都是企业内部管理事务的重点和核心。其中，企业外部的社会责任直接被忽略，这一点不仅不符合社会发展的整体态势，还难以真正保障信息资源的合理利用和共享，使得企业的长期发展困难重重。社会全面责任管理模式则能够站在宏观的角度，以实现企业自身的长远发展为切入点，积极地选择与企业管理相符

合的新型管理模式，实现管理目光向社会范围的有效延伸，将社会责任与资产管理模式的有效创新相结合，更好地促进企业管理形象的有效树立。

## 二、构建企业全面社会责任管理模式的方法

### （一）全员践行，全面落实

要想充分地发挥全面责任管理模式的作用和价值，企业的管理层除了需要积极地落实管理阶层的工作，还需要将全员践行与全面落实相结合，积极地建立完善的内部管理机制。企业的管理阶层和决策阶层需要真正做到以人为本和以身作则，通过对企业管理现状进行深入分析、研究来制定科学合理的责任管理机制，严格按照企业内部的管理操作方针积极地培养员工良好的社会责任感，只有这样才能够真正有效地调动员工的工作积极性，保障其能够将个人的发展与企业的发展相结合。企业内部需要以社会责任管理模式为切入点，真正落实创新管理模式，加强一线员工与管理阶层之间的互动和沟通，保障其全程参与，只有这样才能够为企业社会责任的有效树立营造良好的外部环境，保障企业积极地抓住各种良好的发展机遇。

### （二）从本质上进行改革

全面社会责任管理对企业的内部管理机制的改革提出了更高的要求。为了从整体上促进管理水平的提升，在加强内部自查和实现管理资源优化配置的过程中，企业的管理层需要保障本质上的改革和突破，了解目前企业管理的实质要求，站在宏观和微观的角度分析企业的整体管理理念，有效地突破传统管理模式所存在的各种不足，积极重视社会责任和社会形象的树立。首先，企业的管理层需要在全面社会责任管理模式的指导下，明确自身的价值观以及自己所需要承担的社会责任，具体地分析整体的利益。其次，企业的管理层要不断地完善现有的全面责任管理机制，了解企业在运作过程中所承担的社会责任，积极地树立良好的社会责任战略，在维护企业相关利益的同时真正地保障全面社会责任管理模式的长久性。再次，在营造良好的社会外部环境的过程中，企业还需要以增强员工的整体意识为核心，使其能够积极地参与不同的企业活动，有效地接受上级主管部门的引导以及管理，充分地突破个人所存在的各种不足。最后，企业管理层要积极地完善企业全面社会责任管理机制，建立科学合理的考核制度，积极地结合目前管理过程中所存在的各种不足实现管理策略的有效调整和革新，保障每一个员工都能够及时地反省个人所存在的不足，促进全面社会责任管理工作质量的有效提升，真正地将个人的主观能动性和积极性融入其中，在全面社会责任管理工作的落实中有效地发挥个人的作用和价值。

全面社会责任管理下的企业内部管理存在着一些问题，管理层需要将宏观分析与微观研究相结合，了解全面社会责任管理的具体内容和相关的要求，采取创造性的管理策略和管理手段，通过管理资源的优化配置和利用来充分地发挥这种创新管理模式的价值和作用。只有这样才能够保证企业实现稳定的运作和发展，不断地提高自己的综合实力。

# 第五节　云技术环境下创新企业管理模式

云计算技术是在一定的网络空间内不断整合信息资源，实现数据存储、处理、传输、共享的一种信息托管技术。目前，云技术的应用主要有三类：基础云技术应用、软件云技术应用、平台云技术应用，而云端化的数据共享生态系统是一切云技术应用的共性。在云技术环境下，企业的管理模式不断由简单化走向云系统化，不断形成"云终端"式的企业管理模式。在此过程中，企业的各种管理要素都在不断发生质的演变，从而对企业的管理模式创新也提出了更高的要求。在云技术环境下，企业须积极创新管理模式，争取形成云技术管理生态系统。

网络的应用不仅改变了人们的生活，同时也改变了行业的生产模式，对于企业管理模式也产生了重要影响。尤其是云计算技术的应用更加促使企业的管理模式从之前的简单管理模式走向云终端的管理模式，通过对企业管理模式的改变提高了企业的市场竞争力，促使企业向着更好的方向发展。

## 一、云计算的概念与分类

### （一）云计算的概念

云计算是指使用网络环境进行资源的配置，从而有效地对计算机资源进行合理的共享。其具有方便、快捷的特点，并且能够为客户提供随时访问的渠道。在云计算模式下，计算机资源的共享包括网络、服务器、应用数据和服务数据、存储等，云计算将这些数据内容快速地存储和释放，以便促使网络数据达到实用的效果，节省了客户资源所占用的空间。

### （二）云计算的分类

（1）基础云计算应用是为了给用户提供一个虚拟的基础设施环境，能够为用户提供虚拟的网络、存储、内存、CPU和虚拟终端机，以资源为中心给用户提供服务。在此种情况下，云端同样保存着用户操作系统数据以及各种各样的应用数据和文件，其主要是以虚拟终端的形式存在。基础云计算的应用旨在提高资源利用率，从而达到降低成本的目的，针对的是拥有数据中心的客户群。

（2）软件云计算应用是用户通过互联网使用的最基本的功能。用户可以根据自身的需要进行订制软件服务，从而满足用户的网络资源需要。而服务供应商需要根据用户的需求进行网络的设置和服务费的收取。用户使用软件云计算是为了节省软件开发的高成本，以及减少人力、物力等各方面的问题。云计算应用给用户提供了便捷的解决方案，用户不需要再进行应用程序的开发以及后期的维护管理，只需要对使用的软件付费即可。

（3）平台云计算应用是指通过应用向用户提供服务，此时应用作为服务的中心，用户根据自身需要进行资源的共享。

## 二、云技术环境下企业管理模式创新的对策

### （一）提升企业管理层责任意识

云技术企业管理层不仅是企业经营活动中重要的管理者和决策人，同时也承担着企业未来的管理和发展的重要责任。当前，我国云技术企业管理层对企业管理的重要性以及自身的责任意识还有待加强。因此，管理者应积极增加自身专业建设，通过培训、学习等各种渠道掌握企业内部管理、控制的先进理念，提高自身对企业运营、组织建设、成本管理、人力管理等方面的认知；另外，要积极构建完善的企业内部评估和管理控制体系，对企业决策、组织、管理进行科学、有效的评估，积极贯彻落实企业各项管理制度，进一步强化企业内部监督管理机制，共同努力营造一个和谐、团结、有序的现代化云技术企业。

### （二）云计算在企业管理中的应用

近些年，云计算的发展形势非常迅猛，云计算的形式带来了全新的应用方式，企业用户部署大型应用既不再需要斥巨资修建数据中心，也不需要考虑设备的选型和采购，甚至都不需要安排员工24小时地进行运维，只需要花极少的钱就可以购买到相应的云计算服务，复杂而纷繁的数据中心选址、搭建、运营、维护等任务都交给第三方来做。云计算还创造出新的机会，使人们能够在较短时间内使用更少的投资构建一种更高级的网络服务。依托云计算架构的平台，提供了呼叫中心、电子邮件、传真、在线客户反馈、社区、自助网站等多种客户服务方式，有效地满足了企业的不同服务需求，并实现了降低资本支出、降低数据中心运营成本、消除过量配置、加快部署周期等优势，进一步增强企业竞争能力，从而在有限的市场中占领更多的份额。

### （三）网络数据库在企业管理中的应用

1. 收集信息

企业为了加强宣传效果，往往需要搜集大量潜在客户的信息，从而为其提供更多的服务。利用网络数据库可以获得很多有价值的信息，从而为企业管理者提供决策依据。

2. 提供搜索功能

如果企业的网站只有几个页面，那么这种功能似乎没有什么作用。但是，如果企业的网站有几十页甚至上百页，或站内提供了大量的信息，却没有方便的搜索功能，那么浏览者只能依靠清晰的导航系统，而一个新手往往要花费很多时间却仍无法达到目的，就会对网站产生不良印象。网络数据库提供搜索功能，能够更方便用户查找网站内容。

3. 库存产品管理

仓库采用数据库管理，可以实现数据共享。共建数据平台能够让每一个使用者通过网络

数据库方便地查到库存数量，让备件更加透明化，使备件库存更有条理、更清晰的展示，从而减少备件重复报出，降低设备采购费用。当前企业要提高核心竞争力，一是提高产品质量，二是降低生产成本。数据库的应用，可以在公共平台上建立"购物超市"，实现信息共享，进一步降低库存备件成本，提高备件周转利用率，还能降低设备重复采购成本，为企业降低备件成本奠定基础。

4. 产品质量过程管控

在当今时代，产品质量是企业的核心竞争力，要提高产品质量就必须稳定生产过程，保证过程参数在控制范围之内。在生产现场有大量的数据，往往因为应用工具不合适或对其重视程度不够而没有发挥应有的作用。通过应用云技术，就可以通过对数据的分析，找到影响质量问题的原因，制定改进措施。应用数理统计工具一般借助 JMP 软件或 Minitab 软件进行分析改进。

云计算技术环境下所进行的企业管理创新并不是随意而为的，需要结合云计算的特点进行。一方面，企业需要将云计算的时代需要纳入考虑范围内，改变传统的管理理念；另一方面，还要注重结合云计算技术环境的优点，做好企业资源管理的优化。由此可见，云计算技术环境下的企业管理创新还有很长的一段路要走，需要相关人员进行不断的探索和研究，促使企业管理得以创新，促使企业能够在云计算的模式下获得新的成长。

# 第六节　低碳经济下企业管理模式

低碳经济是当前全球各国广泛关注的一大课题。企业在发展过程中，不可回避地要面对全球广泛关注的生态环境保护的阶段性内容。企业应逐步创新自身管理模式，进一步适应社会发展形势，提高企业自身的市场竞争优势。低碳经济下，企业在经营发展过程中，应及时优化自身管理的方式、方法，推进企业发展状况符合低碳经济的要求，这不仅可以提高企业的市场竞争优势，还可以收获良好的社会效益，对企业的发展和国家整体的生态环境保护均有着尤为积极的意义。

## 一、低碳经济与企业管理概述

低碳经济指的是基于可持续发展理念的指引，采取制度创新、技术创新、产业升级等一系列手段，以降低能耗，保障污染物的合理排放，进一步实现经济社会与生态环境的协调发展。在低碳经济下，企业在经营发展中要推进管理模式创新，建立科学完备的管理体系。对于管理模式创新而言，企业应当充分结合自身实际情况，紧紧围绕企业整体发展，强调整体利益的创造，进一步创造更多的潜在利益。对于建立科学完备的管理体系而言，企业应当推进制度的有效创新，以确保企业的正常经营，切实提高企业竞争力，依托学习运用先进的管理方法，帮助企业在日趋白热化的市场竞争中占据有利位置。

## 二、企业传统管理模式存在的不足

企业传统管理模式存在诸多不足，主要表现为以下几方面。

### （一）管理组织结构不合理

企业传统管理模式在管理组织结构上存在一定的问题，不管是企业内部管理还是外部管理，管理组织结构均相对单一，在管理实践中总是难以满足实际需求。企业传统管理组织结构还存在重叠、漏失等问题，在很大程度上加大了实际管理的难度，无法切实有效地发挥管理的有效作用。

### （二）管理制度不完善

科学、完善的管理制度是保障企业管理有序开展的重要前提，然而我国很大一部分企业在现阶段均存在不同程度的管理制度不完善问题。如果企业管理缺乏科学、完善的管理制度作为准则，则极易陷入管理混乱的局面，导致管理者随意组织开展管理活动，被管理者无心遵守管理规则，这是企业在管理过程中需要严格避免的。

### （三）管理控制力度不足

管理控制力是反映企业管理执行力的一项重要指标。在企业传统的管理模式中，管理组织结构和管理制度存在问题，进而造成企业在管理过程中管理控制力不尽如人意，难以切实有效实现管理目标，主要表现为工作方向产生偏差、工作进度产生延误、工作成本控制不足等。

### （四）管理方式滞后

现阶段企业传统的管理模式普遍较为滞后，不仅管理成本较高，而且管理效率较低。企业在管理实践中往往会面临各种不可预见的因素，诸如管理模式调整、管理范围改变、计划方案变更等。滞后的管理方式在面临这一系列因素时，往往难以做出有效合理的应对，进而对企业经营发展造成不利影响。

## 三、低碳经济对企业管理模式创新的意义

低碳经济对企业管理模式创新的意义主要表现为以下几方面。

### （一）提高企业能源利用率及经济转化率

低碳经济对社会发展提出了新要求，使得企业不断顺应市场朝低碳经济方向进行发展。因此，加快引入低碳理念并开展实践应用，有助于企业更好地适应市场发展转变。为了推动低碳经济发展，政府及社会不断加大对新能源的推广力度，并明令对含碳原料及碳能源进行合理应用。在此背景下，如果企业未能做出及时、有效的应对，则势必会造成运用成本升高、

经济转化效益不足的局面。企业通过从低碳管理角度切入，有效地将低碳理念渗透到企业运作中，可有效解决企业对碳能源过度依赖的问题，并依托对新能源、新技术的合理应用，切实提高企业能源利用率，同时缩减企业运作成本，达到提高企业经济转化率的目的。

### （二）深化企业文化内涵

在企业传统管理模式下，企业文化主要强调的是企业经营利益的实现和企业品牌价值的提高，而鲜有关注低碳经济对企业文化提出的要求。在低碳经济下，低碳文化不仅是今后市场文化的重要发展趋势，还是每个想要实现可持续发展的企业的文化追求。低碳理念要求企业管理模式将低碳文化渗透到企业文化中，进而推动低碳企业文化的不断发展和完善。作为企业低碳管理的重要产物，低碳企业文化反映了企业在低碳经济下适应时代发展的要求，可为企业进一步实现在低碳经济下的发展奠定良好基础。

### （三）推进企业转型升级

低碳经济对于企业来说既是新的机遇又是挑战。在企业传统管理模式遭受冲击的同时，企业传统发展模式已然难以满足社会发展需求，极易为时代所淘汰。低碳经济的诞生，使企业逐渐倡导低碳理念，并且结合节能减排开展了一系列改革创新，进一步推进了企业发展结构的优化调整。与此同时，如今市场竞争日趋白热化，市场受低碳理念的冲击而出现了结构升级和转变，以往高能耗、高排放的企业受到极大影响，而低能耗、低排放的企业则能够在市场竞争中占据有利位置。因此，企业要在低碳经济下不断地开展战略调整，以尽快实现产业转型及技术升级。

## 四、低碳经济下企业管理模式创新策略

在低碳经济下，企业相关人员必须紧紧跟随时代前进的步伐，不断开拓创新，加强对不同行业、领域成功发展经验的学习，切实推进企业管理模式的有效创新。要进一步促进在低碳经济下企业的健康、稳定发展，可以将下述策略作为着手点。

### （一）构建企业适应低碳经济管理的发展机制

#### 1.建立低碳经济发展战略

从本质上而言，低碳发展战略秉持可持续发展理念，遵循国家战略的企业发展方向，为企业管理模式、生产方式等进行科学指引。企业建立低碳发展战略的重中之重是脱离对高碳产业和能源依赖的局面，基于低碳管理模式，推进企业产业转型升级，进一步为企业在低碳经济下实现可持续发展奠定良好基础。企业在建立低碳经济发展战略的过程中，可在一定程度上缩减人为碳使用量，并对碳使用和碳排放进行科学规划，强化企业在由高碳向低碳转化时的碳排放量的有效控制。

2.确立绿色产品市场开拓方向

在低碳经济下，为了推进企业的产品、服务不断趋向于绿色化、经济化，应当充分结合企业生产管理实际情况，在多个不同领域、环节建立绿色及可持续发展的目标；尤其是在产品研发和市场开发上，更要严格贯彻绿色低碳理念，除了要实现对市场进行更为广泛、更为深入的开拓，还要构建起低碳经济下企业发展的新路径和新体系。

### （二）构建绿色的企业经营管理思想体系

1.建立企业低碳经营管理的价值系统

企业在经营管理中必须理清企业发展与环境保护、能源使用之间的关系，在价值体系、文化体系等层面彰显低碳经济发展的价值，尤其是在企业文化中应当纳入低碳理念作为其价值体系的重要内容，逐步开展低碳经济的宣传教育；广泛组织企业员工开展低碳经济实践活动，深切体验低碳经济发展对个人、企业的重要意义，切实让企业员工明确低碳经济发展的重要性，进而实现低碳经营管理与企业人员思想、行动的有机融合，为低碳经济及低碳企业的建设提供价值层面、文化层面的有力保障。

2.提高企业低碳管理意识

对低碳理念的认识从陌生到认同，要求企业从意识层面实现对其主观认识，然后在管理实践中切实做到行为与低碳理念相符，否则企业低碳管理只会成为"走过场"。对于企业低碳管理意识的培养，应当从发展管理、人才管理、财务管理等不同方面入手，全面、系统地培养企业低碳管理的相关意识，特别是在节能减排意识方面。近年来，我国广泛开展了有关节能减排的一系列活动，并收获了一定的成效，然而仍旧有一些企业未能意识到节能减排对企业自身和社会发展的重要性、迫切性。为了增强企业节能减排意识，可依托开展各式各样的知识讲座或教育培训，使企业人员均可形成良好的节能减排意识，并在实际工作中加以应用。

### （三）革新低碳经济下企业管理机制

1.革新企业管理组织形式

企业应当结合自身特征和组织管理目标，构建与低碳理念相符的组织机制和管理形式，保障管理工作在不同环节、在各种生产经营中均可得到有效落实，有序开拓企业管理范围，逐步优化企业管理层次，不断挖掘新组织、新形式的管理功能和发展潜力，切实保障企业管理模式的有效调整和不断优化。

2.革新企业人力资源管理制度

在低碳经济下，企业应当将低碳理念和以人为本理念渗透到人力资源管理中。一方面，结合企业岗位特征选拔合适的人才，使每位企业人员都能获取适合自身的工作岗位，真正做到人尽其才，为企业发展做出应有贡献；另一方面，适时对企业员工开展教育培训，增强企业员工的环保意识，指导企业员工秉持低碳理念参与企业经营管理工作，在工作中尽可能做到低碳、环保，促进企业节能减排。企业应注重对具备环保意识人才的选拔，留住热爱环境、解决企业能耗并具备节能减排意识且将实践应用于工作中的人才。此外，企业应制定职业发展规划，培育具备环保意识的人才，打造高效、节能的企业管理队伍，实现企业管理的低碳构建。

（四）构建适应低碳经济的企业监督机制

1.构建企业预算监督机制

低碳经济提倡有组织、有计划地经营管理，这同样是提高企业管理效率、增强企业决策科学性的重要前提。在低碳经济下，企业应当秉承低碳理念，构建一套科学、完善的预算监督机制，将预算的制定和执行纳入监督体系，发挥监督工作的有效作用，促进企业预算管理工作的有序开展。

2.构建企业成本控制监督机制

在企业监督机制建设中，企业应当开展好成本监督及相关管理工作，将企业成本作为监督管理的重要目标，明确企业生产与管理间的经济关系，从成本控制方面着手建立科学的监督制度和监督平台，切实将监督工作落实到一系列企业成本控制的实处，提高企业成本控制和经营管理的效率，建立企业在经营管理层面的组织、经济和成本优势。

企业推行低碳管理不仅是全球范围内的一大趋势，还是国家层面的政策指向，更是社会大众人心所向。社会大众对气候转变的顾虑极可能造成新的消费模式和政府新政，由此会使得商业世界的走势出现巨大变化。在倡导可持续发展和生态环境保护的商业大背景下，企业管理要想建立企业低碳战略，重视防范风险和把握市场机遇就显得至关重要。企业是我国国民经济体系不可或缺的微观主体，唯有企业保持健康稳定发展，方可推动社会全面的可持续发展。因此，在低碳经济下，企业应当推行低碳管理模式，这对企业而言，既是责任，又是机遇。企业相关人员必须革新思想观念，不断钻研，提高对低碳经济与企业管理内涵特征的认识，加强对企业传统管理模式的深入分析，明确低碳经济对企业管理模式创新的意义，构建企业适应低碳经济管理的发展机制，构建绿色的企业经营管理思想体系，革新低碳经济下企业管理机制，构建适应低碳经济的企业监督机制，积极促进低碳经济下我国企业的健康稳定发展。

# 第七节　市场化改革中的企业管理模式

现阶段，国内市场化体制改革正在不断深入，对传统企业管理模式产生了重要影响，很多潜藏的问题正逐渐暴露出来。随着市场化改革的不断深入，企业管理模式也在不断变化。这种变化既是企业经营发展的需要，又得益于市场经济对企业管理的促进作用。市场化改革中企业管理模式的创新需要立足于企业的发展实际，解决好企业管理创新中存在的一系列问题。本节笔者对此类问题进行了分析和探究,希望对进一步推进相关工作的优化改革有所启示。

随着改革开放的不断深入,国内企业有机会学习到西方先进的管理模式和管理理念,这将为企业管理的发展带来新机遇。中国市场经济的发展建设取得了令人瞩目的成果,企业在其中发挥着不可或缺的作用。企业的转型经营发展能够为社会主义市场经济的发展指明方向,同样,这方面的实践也能够提高市场活力。而企业管理模式的创新则是实现上述目标的重要前提,因此,需要提高对这部分工作的关注度,逐步对其中的细节进行优化改革。

## 一、中国市场化改革的意义分析

党的第十八届三中全会提出了"要让市场在资源配置中发挥主导作用"的主张。之后,在国内的市场改革中,政府逐渐放宽对企业的限制,使企业能够对运营发展进行自主管理,这不仅为企业创造了良好的市场环境,也使得市场机制的调节作用得以有效发挥。市场自由化的程度不断加深,这在给企业带来发展良机的同时,也带来了巨大的竞争力。企业要想得以发展,就必须学会摆脱对政府的依赖,要结合企业自身的发展状况,转变管理模式,从而提高企业的核心竞争力。特别是国有企业,在过去多依赖于政府来发展,机会多,影响力大,但是随着市场经济的不断发展,国有企业开始暴露出管理弊端,缺少竞争力和创新力,难以实现可持续发展。此外,不少民营企业也是如此,传统单一的管理模式,使得企业无法发挥出自身的真正实力。因此,企业要迎合时代的发展潮流,不断挖掘自身的发展潜能,从而在激烈的市场竞争中立于不败之地。

我国正处在从发展中国家向发达国家过渡的阶段,但是发展程度还没有达到预期效果,存在一定的滞后性。政府部门是导致市场改革存在滞后性的关键因素。近年来,市场经济改革为我国的经济发展创造了有利条件,同时也为我国经济方式的转变奠定了物质基础。我国政府虽没有直接参与市场化改革,但始终强调要强化政府职能,为企业提供公平、公正的发展机会和资源。在过去,因为信息闭塞,经济市场一度出现混乱的情况,这容易损害中小型企业的切身利益。改革后,政府部门将权力归还企业,使得企业能够及时了解市场状况,并调整自身的发展方向,市场经济呈现出良好的发展状况。在未来,政府部门要坚守部门职业,做好监督服务工作。

## 二、现阶段企业管理模式创新工作中潜藏的问题

市场化改革背景下,企业管理模式创新中潜藏的问题主要体现在以下几个方面。

### (一)代理经营的模式导致"管理低效"和"决策短视"

我国企业是我国经济的重要产业支柱,而这类企业的管理者一般是通过行政任命产生的,被任命的管理者并不拥有企业的所有权。这对相关管理者的管理与决策产生了负面影响。即便是资金"纯粹"的民营企业,它们的管理者通常也只是在行使"代理管理"的职能,企业利益与管理者的个人利益之间缺少共通点,故而他们很难对自己日常所负责的工作投入积极

性。另外，管理者的素质参差不齐也是造成管理低效和决策短视的主要原因。具体来说，如果企业的经营环境波动较大，那么企业便很少在管理人员的培训、培养工作中投入人力、物力，这主要是基于培训成本和员工跳槽两方面因素的考虑。而这种做法使企业管理队伍的整体素质难以提高，影响了实际管理水平的提升和企业的转型发展。

### （二）组织结构设置得过于烦琐、固化

很多企业都喜欢将管理机制设置得非常精细，认为只有这样才能够实现"各司其职"，进而提高管理效率。但过多的层级结构和职能划分却导致了"人浮于事"、效率低下的问题，往往决定一件日常性的事务都需要经过无数管理者的审批，且严重影响了企业的管理效率。从横向来看，职能机构交叉过于严重，使各个职能无法发挥出应有的工作效率，更为各个职能机构相互推卸责任提供了机会。上述问题如果得不到改变，则将会对企业的执行力、抗风险能力和管理者的决策能力都产生严重影响。

### （三）创新能力和技术转化能力不足

随着经营理念的不断变化，企业已经认识到新兴技术对生产模式改革和管理优化的重要性，但企业关注的只是新技术的引入，对技术研发和推广应用方面的工作没有足够的重视。新兴技术在企业中的推广应用仍存在较大的不确定性，更影响了管理层对于新技术的信任。

## 三、市场化改革背景下推进企业管理模式创新的具体策略

### （一）创新管理理念

管理理念层面的创新是推动企业管理模式创新的重要前提，而管理模式创新的重点则在于发挥"人"的积极性和主观能动性。知识经济时代已经到来，企业的组织结构形式逐渐向着扁平化的方向发展。企业发展需要的是"学习型组织"，要能够通过管理模式和理念的转变为员工营造出积极向上的工作氛围，并促进其全面发展。这就要求管理者在进行决策或落实各项政策时要重视人的作用，要把每一个员工从"文化人"打造成"决策人"，让其在各自的岗位上发挥自己的积极性，为企业发展做出贡献。上述目标的实现需要管理者营造出融洽、和谐的工作氛围，摆正对于管理模式创新的认识，肯定基层员工为企业战略转型发展所做出的贡献。管理模式的创新仅依靠个别员工的"聪明才智"是很难完成的，需要群体成员在特定目标的引导下共同启发、交流讨论。当前期准备工作达到一定程度后，管理模式才能够产生突变，进而完成管理模式创新的目标。在今后工作中，企业要发挥好企业文化的作用，依靠企业文化来加以引导、激励员工朝着特定的创新目标努力，进而为管理模式创新打好基础。

### （二）积极营造企业创新文化环境

实际上，企业管理模式的创新也存在很大的风险性和不确定性。企业如果要推行创新文化，

就需要投入大量的人力、物力资源，这也从侧面给员工带来巨大的心理负担，使得员工不敢将自己内心的想法表述出来。但是，无数的事实研究表明，创新是建立在失败的基础之上的，只有敢于失败，敢于面对失败，这样企业才能赢得创新带来的积极影响。因此，企业要有意识地为员工创造积极的文化环境，营造良好的工作氛围，使员工敢想、敢干、敢发声。

### （三）创新企业管理队伍

管理队伍的创新、优化是企业管理模式创新所必须重视的一部分工作。因此，企业需要做好人才培养、强化企业家队伍建设。对企业而言，需要培养一支敢想敢拼、敢打硬仗的管理队伍。基于宏观层面分析，企业需要一支以创新管理为主并能够引导市场竞争方向的企业家队伍，从而实现国内经济结构的产业转型，助力国内经济在新时期的腾飞。综上所述，企业需要提高对于人才培养工作的关注度，建立一套公平、科学、严谨的培训、考核评价机制，为员工和管理者搭建起学习、提高的平台；规范干部的任免与任用，将管理者、优秀员工看成一种生产要素并进行合理配置。

在市场化改革中，企业管理模式的创新是企业必须重视的一部分工作。在新形势下，这方面的工作也暴露出诸多新问题。以上就是笔者对此类问题进行的分析和探究，希望对进一步推进相关工作的优化落实有所启示。

# 第八节　家族企业管理模式

家族企业是世界范围内广泛存在的企业形式，许多世界知名企业都是从家族企业发展起来的，比如"沃尔玛""大众"等。这些家族企业在发展中逐步改革管理模式以适应瞬息万变的市场环境，并且基于家族企业在资金管理等方面的优势而得到高效、快速的发展。我国的家族企业在改革开放后得到了良好的发展机会，但是大多数家族企业维持的时间不长，就逐渐退出了市场，只有少部分家族企业得到了持续发展。通过对我国家族企业发展状况的调查发现，这些企业的管理模式有着明显的阶段差异。由于受某些因素的影响，家族企业管理模式在转型时往往以失败收场，这不得不引起我们的关注。为此，我们从多个角度深入思考和探索，力求找到家族企业管理模式创新发展之路。

## 一、家族企业管理模式的特点

家族企业管理模式是指以家庭伦理关系为连接点构建的管理模式。在这种管理模式中，家族成员一般担任企业中重要的管理角色，而且能够通过家族关系将企业的各个部门进行高效联合，进而提高企业的经营效率。家族企业管理模式的特点主要表现在以下几个方面。

### （一）家族绝对控股

家族企业在起步阶段所使用的资金都是由家族内部人员提供的，这决定了企业的所有权绝对属于家族，但是这种所有权也会因为家族关系的远近而有所不同。

### （二）家族企业在进行决策时比较迅速

因为家族企业管理模式在机构设置上比较简单，所以在做某项决策时，家族中的其他成员可以快速地反馈，既减少了决策的时间，又提高了决策效率。

### （三）家族企业能够形成凝聚力较强的企业文化

这得益于家族成员相似的价值观和企业的发展要求，而且有些家族有传统的家法，这对家族成员的约束和意识形成具有重要影响。在对我国及国外家族企业的调查中发现，家族文化对家族企业的发展和管理模式的形成具有一定的影响，比如我国传统的家族文化会重点突出儒家思想的"仁、义、礼、智、信"，尤其是"诚信"在企业发展中的地位是不容忽视的。

## 二、我国家族企业管理模式存在的问题

通过对家族企业管理模式的特点进行分析，可以从中了解家族企业管理模式的优势，但这种管理模式存在的问题也不容忽视，以下进行具体分析。

### （一）缺乏人力资源管理意识

我国的家族企业在发展的初级阶段主要依靠的是家族内部人员的团结和努力，但是在企业发展到一定规模后，家族成员无论在数量还是质量方面都已经无法满足企业继续发展的要求，这时候就需要引入更多的非家族人员。这些"外来"人员有的会在企业中成为基层的管理人员，这对家族企业的管理并不会造成太大的冲击；但是有的人员随着工作经验和相关成绩的积累会逐渐得到职位的提升，这时就可能会对家族企业管理模式造成影响。面对这样的情况，大部分家族企业会限制"外来"人员升迁，这导致"外来"人员始终无法进入企业管理的核心地带，进而影响其在企业中的发展，最终会促使这些人员离开，给企业造成损失。

### （二）薪酬机制不合理

企业设置薪酬机制的目的是激励企业员工和留住企业中的人才，但是通过调查发现，在我国大多数民营家族企业中却经常出现高级人才出走的现象。导致这种现象出现的原因有很多，其中薪酬机制不合理是主要原因之一。薪酬机制不合理主要体现在以下几个方面。

（1）家族企业中技能人才的薪金有封顶设置，而这个封顶标准是建立在家族成员收入基础之上的，造成技能人才的收入与家族成员存在很大的差距。

（2）家族企业在设定家族成员的薪酬时没有与企业发展状况相结合，导致这部分薪酬成为阻碍企业发展的负担。

（3）家族企业在设置薪酬机制时忽略了企业高级管理人员的需求，导致这部分人员对企业的发展缺乏责任意识。

### （三）企业文化内容单一

企业文化是企业发展的重要组成部分，能够起到凝聚人心、突出企业特色的作用。而家族企业的企业文化内容太过单一，使企业发展产生瓶颈。家族企业在创业阶段，对企业文化并不会进行专项构建，而企业管理者的言行或者家族传统文化会逐渐成为促进企业持续发展的文化因素。一般来说，这个阶段的企业文化是以"艰苦奋斗"和"诚信经营"为主的。但是，随着企业的发展与壮大，这样的企业文化在内容上却显得有些不足。虽然"艰苦奋斗"和"诚信经营"一直是企业发展所依赖的重点内容，但是在市场经济环境下，"合作共赢"和"文化交流"逐渐成为促进企业发展的关键因素。此外，家族企业有着明显的排外趋向，这对于丰富企业文化内容造成了很大的阻碍。

### （四）整体管理环境出现混乱

随着企业的发展与壮大，家族企业在创业阶段形成的管理模式往往会失去作用，尤其在家族成员数量逐渐增多以后，家族企业的管理效率和信息反馈程度都会出现下滑的趋势。出现这种局面时，家族企业的管理环境就会出现混乱，进而阻碍家族企业的发展。

## 三、促进我国家族企业管理模式创新发展的策略

我国家族企业的管理模式如果不进行创新发展，企业的发展前景就会十分渺茫。能够促进家族企业管理模式创新与发展的策略如下。

### （一）改革管理制度，将家族关系与企业关系进行区分

在市场竞争形势严峻的情况下，家族企业要想得到持续长久的发展，就必须对现有管理制度进行改革。家族企业的家庭伦理关系是一个重要的关系网络，但是这样的关系网络与当今市场发展却有一些冲突。比如，现在的企业发展对人才有着很大的需求，可是家族成员未必都是人才，这时如果按照家庭伦理关系配置人力资源，那么企业的发展必然就会受到制约。所以，家族企业必须通过改革管理制度来打造企业内部的新型企业关系。这种企业关系要与家族关系进行严格的区分，尤其是在涉及企业重要业务和发展契机时更不能混淆。

### （二）培养家族企业人才和促进管理模式的进步

家族企业除了要对家族成员进行严格管理外，还应该加大对企业人才的培养力度。第一，要制定严格、公平的员工升迁机制，无论是家族人员还是外来人员都必须从企业的基层做起，企业通过对工作经验和工作业绩的考核来进行员工的升迁；第二，在薪酬方面要做到公平、合理，并且要充分考虑企业高级人才的实际需求，薪酬机制中要充分体现出公开、透明的特点，

不能让员工觉得家族成员与外来人员有所区别；第三，在人才的培养中，企业应该做到一视同仁，包括培养机会、培养资源等的公平获取。家族企业只有做到这几个方面，才能留住人才，为企业的发展积蓄力量。

### （三）引入职业经理人，实现企业所有权与经营权的分离

上文谈到了制度的改变，但是如果没有合格的执行人，那么所有的改革都会变成空谈，所以家族企业应该在快速发展时期引入职业经理人，让其担任企业经营的"总管家"。通过这种手段，将家族企业的所有权与经营权进行分离，可以最大限度地避免家族关系给企业发展带来的不良影响。但是，家族企业的领导人仍旧对家族企业的发展具有绝对的决策权，并且可以通过职业经理人来贯彻企业的发展理念，这也得益于企业经营效率提升所带来的良好效果。

家族企业管理模式所具有的优势是家族企业起步、发展的关键，而且这些企业也为我国的经济建设贡献了一部分力量。但是，市场环境不是人为可以控制的，如果企业管理模式不能适应市场发展，那么最后的结果就不会令人满意。国家应该对家族企业进行政策方面的引导，为家族企业的蓬勃发展与壮大提供一定的条件。

# 第九节　管理会计的企业管理模式

经济学领域对管理控制模式的研究持续了较长时间，当下部分研究结果表明，管理模式处在一个分权和集权并行的客观状态，在研究过程中可以将管理模式规划于财务管理、战略性管理等方面，研究成果与大量企业所面临的现实处境相差甚远。

## 一、基于管理会计的企业管理模式创新的基本思路

### （一）基于管理会计的企业管理模式创新的思路

基于管理会计的管理模式创新与改革主要包括确立探寻主题和探寻方向，简单地说就是构建管理模式全新系统，择取基于管理会计与相关环境管理模式，加强管理质量和管理效率；探寻研究的基本内容和基础，在控制权力配置理论、会计控制理论的基础上，建立基于管理会计的管理系统，形成完善的预算管理形式和制度管理形式，鼓励应用管理形式和评价管理形式；注重强调研究特点和研究对象，建立符合各种企业的，具备层次化、系统化、一体化、精准化、全面化、深层化等的先进管理模式，尤其是基于管理会计健全度的管理模式。

### （二）四种管理形式的特点分析

管理会计基础上的管理模式由预算管理形式、制度管理形式、鼓励管理形式和评价管理形式构成；四种模式组织架构紧密，功能之间相互作用，前后衔接，共同组成相对完善的基

本管理框架。四种管理模式的宏观特点表现在围绕管理会计的核心和基本点，具有系统化、全面化和层次化等特征。

首先，系统化指的是四类管理形式与企业内部、外部环境的控制形成企业管理机制共同体，具有统一性特征。其一，管理模式受企业内部、外部环境控制的变化影响深刻，管理模式和环境控制处于统一系统内；其二，四种管理模式并不是孤岛式独立存在，顶层管理模式是对下层管理模式的发展和集成，它们相互之间又组成了一个系统。

其次，全面化是管理结构的主要特征。在企业管理模式的创新过程中，应在建立管理模式时，充分结合差异性产权性质、规模和类型的企业，在不同环境控制下、在不同进展时期的管理实际需求异同点，进而将此类异同点在四种管理模式中清晰映射，提升管理模式的实用性和适应性。

最后，层次化是在系统性的基础上进行功能延展而产生的基本特点。以相对具体的角度审视形式层次化现象，四种管理形式呈递进关系，从最初级的制度管理形式，逐渐发展到最后时期和形态的激励管理形式，均是以前者为根基，逐渐向后发展的。

（三）四种管理形式的特色对比

管理会计作用下的管理控制模式不仅在整体上具备上文所提到的三种特点，而且在管理特征、应用范畴和管理会计多重环境等层面，具备与自身相对应的特征。因此，该管理控制模式区别于传统管理模式的探索和研究。四种管理形式的特色对比：第一，体现了控制特征上的异化性。制度管理形式着重强调利用相关管理规则达到规范企业员工思想和行为的目的，实现管理的最终目的，使员工正确行事，以员工为基本点，实现企业利益上的最大化，该现象的优势较为明显，规则清晰、操作性强，同时也存在能动性与量化不足等缺陷。第二，预算管理形式的关键在于对过程的清晰把控和管理，最终目标是使员工最优完成工作任务，使目标向量化发展，但是缺少应变能力与能动性。第三，评价管理形式更加注重目标把控，深度挖掘员工工作潜力，可良好突出结果，从而激发员工的进取心，但是缺乏过程的整体统筹和微观调控。第四，鼓励管理形式利用物质利益、精神快感等符合员工自身利益的刺激手段，引导员工的思想与行为，将创造企业价值、财富作为最终目的，具有随机应变等优势，但是在实际操作过程中，普遍缺少相应条件和环境。

## 二、基于管理会计的企业管理模式创新的具体策略

基于管理会计的企业管理模式创新应将管理会计信息功能多角度、立体化、全方位地融入管理模式内。管理会计不仅要围绕四种管理形式进行良好开展，更是环境控制的核心内容，通过与环境的相互渗透，完善管理环境，进而实现不同管理形式的大量信息需求，对管理模式的择取形成直接性或间接性影响。健全的管理会计系统应包含观念和报告等方面。

### （一）管理会计观念创新

#### 1.管理会计决策评价标准

传统管理所应用的标准的关键在于利益的最大化与充足的现金流。此类标准虽然可以使企业大幅提升经济核算能力和管理能力，但是难以使企业实现长期的可持续发展，同时也是对全球经济一体化风险因素的不重视。自 21 世纪以来，企业管理是对不可控环境下，企业价值的评价估算，而企业的价值同时也是企业的实际效益和未来效益，是现实资产和虚拟资产、自身经济发展形势和资本经济市场的复合型表象。因此，现阶段管理会计的目标应不断追求企业价值的长远发展、最优发展，并形成稳定的风险预报体系。

#### 2.计算机技术已成为现代人生产、生活必不可少的重要工具

信息处理能力的提升致使企业各层级职能部门之间以及各个部门与外部环境之间的信息互动、交流不断向便捷化方向发展。企业应打破时间和空间的限制，随时根据环境的走向，合理、迅速地拟定应对措施。管理会计是企业的控制系统，务必树立与时俱进的动态管理理念，立足于管理需求。也就是说，应依据企业外部大环境条件和内部自身条件及时做出合理调整，不断开拓进取。

#### 3.企业价值观是企业文化的重要组成部分

企业文化是影响企业品牌影响力、市场占有率乃至核心竞争力的重要内容。因此，为顺应现代管理所需要的文化环境，必须改变传统企业的管理模式和不注重企业文化的现象，提升企业各层级的企业文化意识，使企业管理者更好地为企业服务。

### （二）管理会计相关报告与管理模式创新

相对于传统的基于管理会计的企业管理模式报告健全度不足的局面，完善相关报告是改革创新的新路径。管理会计报告是管理会计信息的基本载体，为企业管理会计系统提供核心内容。管理会计架构与工具的合理应用的最终目的均为形成更加具有相关性的报告。以卡尔·马克思《资本论》的供求关系审视会计信息，管理会计可以作为会计信息的供给方；反之，管理则是会计信息的需要者。依据有用性原则，会计信息的实际需求和未来走向对会计信息供给产生直接影响。因此，报告的健全度也对管理模式的发展空间形成直接影响。

在四种管理形式中，制度管理需要会计管理给出多种制度信息；预算管理要求会计管理给出与企业预算相关内容的信息；评价管理要求管理会计应对管理人员的进取心、努力度等方面进行真实反馈；鼓励管理要求管理会计以鼓励、机理契约的规划，以及最终效果评价，给出相关信息。由此可见，差异性管理形式对管理会计信息要求不同。此外，以上下层级顺序，下层管理形式普遍包括上层管理形式，所以管理模式的层次与报告呈不规律正比关系。

综上所述，管理会计作用下的企业管理模式创新思路，以管理权限设置理论、会计管理理论等理论依据为基础，形成管理模式系统，形成制度、预算、评价和鼓励四种管理形式。根据不同管理形式的差异性特点和多重组织内在互联关系，可为企业提供有效、稳定的管理模式，为企业核心竞争力的提升提供源源不断的驱动力。

# 第四章 企业财务管理模式

## 第一节 绿色财务管理

### 一、传统财务管理的弊端及引入绿色财务管理的必要性

当今社会是一个发展的社会，可持续发展理念早已深入人心，因此，企业在进行自身的财务管理以及制定企业发展战略的时候，必须考虑到多方面的因素，如包括多种资源的自然环境，又如包含了许多危机的社会环境。因而，企业必须走绿色财务管理之路。相对于绿色财务管理，传统的财务管理有以下几个缺点。

（1）传统模式下的企业财务管理，不能准确地核算企业的经营成果，只能单纯地计算企业的货币计量的经济效益，而无法将会计核算体系纳入企业管理中，无法将货币计量的环境资源优势转化为企业的管理优势。

（2）传统模式下的财务管理，不利于企业对环境造成的污染和财务风险进行分析。传统的企业财务管理，无法准确核算企业经营环境和避免自然资源的匮乏造成的后果，无法改善生态环境的恶化模式和减缓竞争的加剧，更无法遏制环境污染的发展，从而会增强企业生存和经营的不确定性，使得企业自身的财务管理出现体制上的差错。

（3）传统模式下的财务管理，不利于进行有效的财务决策。在这种财务管理模式下，企业在进行经营的时候，大多是将资金投入到了高回报、重污染的重化工企业，而不考虑对环境的污染和破坏。因此，这种模式下的企业管理只会使得经济的宏观循环恶化，并严重破坏环境，而这也将会使企业面临倒闭、被取缔等停产风险。

传统的财务管理的弊端充分说明了确立新的财务管理理念的重要性，也就是说，企业要改变，就有必要走绿色财务管理之路。

### 二、绿色财务管理的概念及主要内容

绿色财务管理，是指充分利用有限的资源来进行最大效益的社会效益化、环境保护化、企业盈利化，而绿色财务管理的目的，是在保持和改善生态环境的同时实现企业的价值最大化，使得企业能够与社会和谐相处。绿色财务管理就是在传统财务管理的基础上考虑环境保护这一层因素，主要包括以下两个方面。

### （一）绿色投资

企业需要引进绿色投资，而绿色投资需要企业对其所需要投资的项目和外在压力进行简单的调查研究，研究的方向包括：第一，企业在对环境的保护上有没有切实按照国家制定的标准来进行，需要保证所投资的项目之中不能有与环境保护相违背的内容，这也正是绿色投资的前提；第二，提前考虑因采取环保措施而造成的费用支出；第三，提前考虑项目能否与国家政策响应而获得优惠；第四，考虑投资相关联的项目机会成本；第五，考虑项目结束后是否拥有因环境问题而造成的环境影响的成本回收；第六，考虑因实施环保措施后对废弃物回收而省下的资金。

### （二）绿色分配

绿色财务管理在股利上继承了传统财务管理理论的内容，同时又存在着属于它的独特性。在支付股利时，需要先按一定比例来支付绿色资金不足的绿色公益金以及绿色股股利。绿色公益金的提取，相当于从内部筹集绿色支出不足部分的资金，而这一过程与企业进行公益金提取的过程相似，但却区分不同企业规模。绿色公益金的提取，不仅需要企业处于盈利状态，同时还需要确保企业有一定的余额。而且，绿色公益金不得随意挪用，只能做绿色资金不足部分的支出。绿色股股利的支付与普通股一致，但不同的是，如果企业无盈利且盈余公积金弥补亏损后仍无法支付股利，就可以用绿色公益金支付一定数量的绿色股股利，但却不能支付普通股股利。使用这一方式，正是为了维护企业在资源环境方面的声望。

## 三、绿色财务管理理念的理论基础

### （一）绿色管理理论的起源与发展

发达国家于1950年左右提出绿色思想，生态农业由此兴起。随着时代的推移，受战争的干扰和经济全球化的影响，发达国家环境的污染日渐严重，促使绿色思想在人们的心里扎根。20世纪90年代，全球兴起了一股绿色思潮，绿色管理思想由此出现。

### （二）绿色会计理论

近几年来，自然环境的急剧变化使得人们将目光逐渐聚焦于环境与可持续发展中。会计领域的人们也积极探索会计与环境相结合，提出了绿色会计理论。这一领域的很多会计师也对绿色会计理论提出了许多新的观点，在各个方面都进行了大量有益的探索，从而使得绿色会计的研究越来越深入，越来越具有可操作性。对绿色会计活动进行确认、计量、披露，都是为了给信息使用者服务的，尤其是在为企业的决策者提供信息方面。大量会计领域的专业人员对绿色会计进行了研究，促使满足绿色会计这一理论的企业能够进行正确的筹资、投资和决策，也就使得绿色财务管理出现。

### 四、绿色财务管理在应用中的注意事项

绿色财务管理理论是适应人类社会资源保护潮流的理论，是对传统财务管理理论的挑战与发展，而绿色财务管理理论要想应用到企业中，就需要做到以下几点。

#### （一）兼顾资源环境与生态环境的平衡

随着绿色消费的出现，消费者的绿色消费观也在逐渐增强，而企业要想在这个社会上立足，就需要将资源环境问题划入企业管理中，以绿色财务管理理论作为指导依据，尽量开展绿色经营模式，以此提高企业的经济效益与社会效益。

#### （二）增强员工素质

企业员工的素质是影响绿色财务管理能否正常实施的一大因素。因此，企业员工，特别是财务人员，应当学会利用社会生态资源和生态环境，通过资源整合来增强资源环保意识，加快传统模式下的财务管理理论向绿色财务管理理论的转变，以促进财务管理工作。

#### （三）使得会计领域与绿色财务管理理论相适应

企业想要做到这点，需要增设会计科目，如绿色成本、绿色公益金等绿色概念，从而使得绿色财务管理得到完美的应用；需要对会计报表进行改革，增设环境保护和改善等方面的指标，从而使企业能够清楚自己在哪方面、如何做可以提高对环境的优化，不会因没有目标而无所适从。

综上所述，我国的绿色财务管理理论仍然处于萌芽阶段，但却可以随着世界环保呼声的增强而不断得以完善和进步，从而指导企业经营，提升企业经济效益和社会效益。

# 第二节　财务管理与人工智能

与企业资本有关的管理活动——财务管理成为企业家最关心的问题。财务管理就是通过处理可靠的财务数据信息为企业制定发展战略提供依据。但是，财务数据规模庞大繁杂，为了简化流程、降低成本，20世纪中期兴起了人工智能技术，极大地提高了管理效率。然而，人工智能技术在处理财务信息的过程中利用固定的模型与公式，而处于多变环境中的企业经常遇到常规难以处理的数据信息，在这种情况下人工智能的弊端逐渐地显露出来。因此，如何处理财务管理与人工智能的关系成为管理界的一个新课题。本节就财务管理和人工智能的基本理论做了相关介绍，并探讨了财务管理与人工智能的关系，最后提出了处理财务管理与人工智能二者关系的相应措施。

一个企业的经营是否长久、赚取的利润是否丰厚，主要在于企业的战略制定和决策预测。

制定出合适的战略，企业也就抓住了全局和方向，然后再通过战术或者经营决策进行当下的日常经营。根据战略制定的步骤，企业要想制定出适合自己企业发展的战略，最关键的一步就是找出拟订方案的依据，它是由企业的财务管理提供的。财务管理的主要职能就是分析企业的财务报表和相关的数据，为企业的筹资、投资和资金营运提供决策的依据。财务管理活动需要通过很多的公式进行运算，甚至某一个特定的常见情况也具备固定的计算模型。随着企业的规模不断增大，来自企业营运活动和会计方面的信息越来越多，企业的管理者为了减轻财务管理方面的负担、降低成本、提高财务信息处理的准确性，开始尝试着将人工智能技术引入企业的财务管理领域。人工智能技术在引入初期的确给企业带来了极大的便利，增加了利润，提高了财务管理的效率。但随着社会的快速发展，尤其是在我国加入世界贸易组织之后，国内企业面临的经济环境瞬息万变，不但企业需要处理的财务信息进一步增多，而且还出现了很多用常规方法难以分析出合理结果的情况，这就需要处理好财务管理与人工智能的关系。

## 一、财务管理的理论基础

简单来说，财务管理就是企业运用相关的财务理论知识处理和分析财务报表以及其他的财务信息，最终得出企业经营状况的管理活动。关于企业资本的营运和投资正是财务管理的重要内容，企业在进行筹资决策、投资决策以及营运资本和股利分配决策时，所依据的重要信息就是通过财务管理人员的计算与分析得出的。财务管理的发展也一直在与时俱进，共经历了三个阶段，即企业利润最大化、每股收益最大化和股东财富最大化。财务管理最早出现的时候，企业经营的目的就是赚取丰厚的利润，为了适应企业的发展需要，同时也为了发挥出财务管理的作用，于是把企业的利润最大化作为目标。随着时代的发展，企业的规模越来越大，出现了上市公司。在上市公司内部，对于经营至关重要的是筹集足够的资金，即满足股东的需要。很多小股民只关心自己在企业投资的收益，至于企业每年的利润以及经营情况他们并不太关注。为了满足股民的心理需要和现实需要，即筹集到资金，企业就想方设法地提高股民的收益，财务管理的目标也就变为每股收益最大化。大多数企业满足不了短时间内股民的巨大收益，对此，企业的经营可能会不惜牺牲经营时间从而来换取股民收益，但在实际中，企业一年赚取一定数额的收益和两年赚取相同数额的收益显然是不一样的。财务管理的最终目的就是通过分析数据得出恰当的决策，再通过合理的决策，最大限度地增加企业价值。

## 二、人工智能相关介绍

人工智能技术的概念最早出现在 20 世纪中期，20 世纪末至今是人工智能技术应用的时期。人工智能技术指的是在计算机技术的基础之上，通过模拟人类某个领域专家进行解题的方式，使企业的经营决策智能化，实质就是模拟人类的思维活动。企业的财务管理是分析财务报表、得出有效信息、进行决策的过程。企业的财务人员在分析财务信息时，总会借助固定的财务公式，使用固定的财务模式解决日常经营的难题。基于这种现实情况，具有计算机技术和财务管理专业知识的研究人员为了降低成本、提高效率，尝试着将财务管理的某些模式与公式存储在计算机的系统中，这样就可以把财务报表的信息输入计算机，通过之前存储在内部的计算模式进行报表信息的运算，从而得出相应的结果，这就是专家系统。与传统的财务管理相比，人工智能技术的引入解决了某些财务上的复杂运算以及数据分析的过程。人工智能技术在财务管理上的作用不仅仅是收集和整理数据，更重要的是通过学习新的专业知识，并将知识运用到实际运算中，得出合理的结果，做出客观的判断。人工智能技术包含了很多复杂的计算程序，在输入的数据进入程序运行之后就可以得出与实际手工运算一样准确的结果。因此，在人工智能技术下，财务人员的工作由原来的大量计算转变为数据的输入与结果的记录与汇报。过去的信息系统只能将数据输入，且运行非常简单，而当今的人工智能可以运行复杂程序并得出客观的结果，甚至可以分析数据之间的相关与回归关系。

### 三、财务管理与人工智能的关系

现在已经进入大数据时代，传统的手工计算分析已经跟不上时代发展的潮流，企业的财务管理也不能闭门造车，需要应用人工智能技术提高工作效率，帮助企业提供决策依据，发现事物和现象之间的内在联系。人工智能技术同样需要与时俱进，根据企业的需要和管理的发展，不断补充新的程序，继续开发新的技术。总之，二者是相辅相成、互相完善的关系，财务管理使用人工智能是为了更加方便快捷，人工智能需要通过服务财务管理找出不足，通过逐渐地完善达到节省成本的目的。

### 四、处理财务管理与人工智能关系的措施

上文提到了财务管理与人工智能的关系，企业的财务管理离不开人工智能，但是又不能完全依赖人工智能。处理财务管理与人工智能关系的措施如下。

#### （一）提高财务管理人员的专业素养和水平

员工是财务管理工作的执行者，也是整个财务工作的推进者，财务管理人员的综合素质关系到整个财务管理工作的效率和质量。提高相关人员的专业素质，有助于他们识别财务工作中的重点问题和复杂问题，使得他们有能力判断哪些问题需要慎重对待，哪些问题需要借助人工智能技术解决等。

#### （二）与时俱进地引入人工智能技术

人工智能技术是基于计算机技术发展而来的。人工智能技术的发展非常迅速，企业应该及时关注人工智能技术的更新换代，及时更新财务管理部门的相关技术，保证财务管理活动始终在最前沿的人工智能技术下进行，这样才有助于企业整个财务管理活动的与时俱进，促进企业通过人工智能技术的更新推动整个财务管理工作的进程。

### （三）成立专门的人工智能与手工操作分工小组

财务管理工作复杂繁多，人工智能技术不能承担企业所有的财务管理活动，只能有选择性地辅助财务人员进行决策与分析。对于复杂的财务工作，到底哪些工作需要由财务人员手工完成，哪些工作需要借助人工智能技术来解决，需要进行一个合理的分配。对此，企业可以成立专门的分工小组对财务管理工作进行适当的识别与分配，保证财务管理工作有序进行。

人工智能技术是信息技术的重要组成部分，同样也是时代发展的标志，它的出现解决了财务管理中很多烦琐的问题。企业的财务管理工作应该运用人工智能技术，以此提高企业的管理效率，为企业的可持续发展提供更加准确的策略，从而实现财务管理的目标。

## 第三节　财务管理的权变思考

权变是权宜机变，机变是因时、因地、因人、因势变通之法。权变指灵活应付随时变化的情况。"权变"一词最早出于《史记》，其中记载了古代纵横家、商家的权变思维。最早运用权变思想研究管理问题的是英国学者伯恩斯和斯托克。权变理论认为环境条件、管理对象和管理目标三者中任何一者发生变化，管理的手段和方式都应随之发生变化。权变理论的特点是：开放系统的观念、实践研究导向、多变量的方法。

### 一、财务管理的权变分析

财务活动作为一种实践，与人类生产活动一样有着悠久的历史，但现代意义上的财务管理作为一门独立学科只有近百年的历史。财务活动能否成功，很大程度上取决于对环境认识的深度和广度。下面将从权变的角度分析各时期财务管理的特点。

### （一）筹资管理理财时期

20世纪初，西方一些国家的经济持续繁荣，股份公司迅速发展，许多企业都面临着如何为扩大企业生产经营规模和加速企业发展筹措所需资金的问题。在此阶段，财务环境、理财对象影响着财务管理活动，财务管理主要是来预测企业资金的需求量和筹集企业所需要的资金。

### （二）破产清偿理财时期

20世纪30年代，西方发生了经济危机，经济呈现大萧条，许多企业面临破产倒闭，众多小公司被大公司兼并。在这一阶段，受外界环境影响，财务管理重点发生转移，主要应对企业破产、清偿和合并，以及对企业偿债能力进行管理。

## （三）资产管理理财时期

第二次世界大战以后，世界政治、经济进入相对稳定时期，各国都致力于发展本国经济。随着科学技术迅速发展、市场竞争日益激烈，企业要维持生存和发展就必须注重资金的日常周转和企业内部的控制管理。在这一阶段，计算机技术首次应用于财务分析和规划，计量模型也逐渐应用于存货、应收账款等项目管理中，财务分析、财务计划、财务控制等也得到了广泛的应用。在这一阶段，财务管理的重点受经济发展的影响又一次发生改变，且财务研究方法、手段的改进加速了财务理论的发展。

## （四）资本结构、投资组合理财时期

20世纪60年代至70年代，随着经济的发展，企业规模不断扩大，企业组织形式和运作方式也发生了变化，资本结构和投资组合的优化成为这一时期财务管理的核心问题。此时，统计学和运筹学优化理论等数学方法被引入财务理论研究中，丰富了财务理论研究的方法。这一时期形成的"资产组合理论""资本资产定价模型""期权定价理论"等组成了近代财务管理学的主要理论框架。

综上所述，可以得出以下结论：①随着财务管理环境的变化，财务管理的重心也会有所变化；②研究方法的改进也会促进财务管理的发展，特别是信息技术、数学、运筹学、统计学等在财务上的应用，使财务管理研究从定性发展到定量化，更具操作性；③随着经济的发展，传统的财务管理对象不断补充着新的内容，从开始的股票、债券，到金融工具及其衍生品等，并随着知识经济发展仍在变化着。

## 二、权变中的财务管理

随着时代的变迁，财务管理不断丰富和发展。财务管理目标的实现是许多因素综合作用并相互影响的结果，通过上面的分析，笔者用函数式表示财务管理目标、财务管理环境、财务管理对象及财务管理方法、手段之间的关系为

$$财务管理目标 = \Sigma f（财务管理环境、财务管理对象、财务管理方法及手段）$$

通常情况下，财务管理目标不会发生太大的变化，现在普遍接受的财务管理目标是企业价值最大化。一旦财务管理目标发生变化，则财务管理环境、财务管理对象、财务管理的手段和方法三者中至少有一个变量发生变化。在一定的情况下，由公式可得出如下结果。

（1）在财务管理目标一定，财务管理对象不变的情况下，一旦财务管理环境发生变化，原来条件下的财务管理的手段和方法不能适应新的环境条件，就应发生变化。从各时期财务管理的发展可以看出，随着历史的发展、环境的改变，财务管理的重心也在不断变化着。我们通过前面所描述的通货膨胀时期的财务管理可以明显地看出，通货膨胀时，原来的方法是无法解决通货膨胀所带来的问题的，所以必须改变管理手段和方法以适应管理需要，从而达

到企业理财的目标。

（2）在财务管理目标和财务管理环境一定的情况下，当财务管理对象发生新的变化时，财务管理手段和方法应随财务管理对象的变化而变化。例如，网上银行和"电子货币"的盛行使资本流动更快捷，资本决策可以瞬间完成，企业势必改变传统的财务管理方法才能适应经济的快速发展。

（3）在财务管理目标一定，财务管理环境不变的情况下，财务管理的手段和方法的变化会引起财务管理对象的变化。数学、计算机的应用使财务管理手段更加先进，才能出现众多的理论模型，比如资本资产定价模型、投资组合模型等。

以上分析、推断可表明财务管理活动本身是权变的过程。

### 三、财务管理的权变对策

权变理论认为：在企业管理中，应依据不同的环境和管理对象而选择不同的管理手段和方法，在企业管理中不存在适用于一切组织的管理模式。企业财务管理面临权变，应因权而变，要提高整个企业的财务管理水平，须综合分析。

#### （一）加强以财务管理为中心

加强企业财务管理，提高财务管理水平，对增强企业核心竞争力具有十分重要的作用。企业必须以财务管理为中心，其他各项管理都要服从于财务管理目标，不能各自为政。企业在进行财务决策时要识别各种危机风险，采用一定的方法，权衡得失，选择最佳方案。必要时，企业要聘请财务专家为企业量身定做财务预测、财务计划、财务预算等工作。只有知变、通变、掌握变化之道，才能使财务管理各个环节渠道畅通；只有提高财务管理效率，才能提高企业整体管理水平，才有可能在激烈的国际竞争中生存并长期发展下去。

#### （二）转变政府角色，改善理财环境

为适应经济发展，政府应转变角色，从领导者角色转向服务者角色，为企业的发展创造良好的政治、经济、政策、法律等宏观环境。

#### （三）大力发展财务管理教育与研究，提高企业财务管理水平

企业为加快高校财务管理专业的改革和发展，应培养大批高素质财务管理专业人才，同时加强对在职财务人员的继续教育，提高财务人员的整体素质；要借鉴国际先进管理经验，结合实际加快财务管理理论研究，坚持理论与实践的结合，推进财务管理理论建设，为企业进行财务管理改革提供更多的科学理论依据，从而提高我国企业财务管理的整体水平。

# 第四节　基于企业税收筹划的财务管理

随着我国经济的不断深化发展，市场竞争越来越激烈，企业必须不断地通过各种途径来提高自身的竞争能力。企业进行税收筹划活动对提高财务管理水平和市场竞争力具有重要的现实意义。税收筹划是一种理财行为，属于纳税人的财务管理活动，又为财务管理赋予了新的内容。税收筹划是一种前期策划行为，也是一种合法行为。纳税人在实施税收筹划时，应注意以下几个问题：企业利益最优化、税收筹划的不确定性、税收筹划的联动性和经济性。

## 一、税收筹划的定义及特征

税收筹划是指纳税人在符合国家法律及税收法规的前提下，按照税收政策法规的导向，事前选择税收利益最大化的纳税方案处理自己的生产、经营和投资、理财活动的一种企业筹划行为。税收筹划具有以下几个特征。

### （一）税收筹划是一种理财行为，为企业财务管理赋予了新的内容

传统的财务管理研究主要注重分析所得税对现金流量的影响。例如，纳税人在进行项目投资时，投资收益要在税后的基础上衡量；在项目研究和开发时，要充分考虑相关的税收减免，这将减少研究和开发项目上的税收支出，而这些增量现金流量可能会使原本不盈利的项目变得有利可图。在现实的经济生活中，企业的经营活动涉及多个税种，所得税仅为其中的一个。税收筹划正是以企业的涉税活动为研究对象，研究范围涉及企业的生产经营、财务管理和税收缴纳等各方面，与财务预测、财务决策、财务预算和财务分析环节密切相关。这就要求企业要充分考虑纳税的影响，根据自身的实际经营情况，对经营活动和财务活动统筹安排，以获得财务收益。

### （二）税收筹划是一种前期策划行为

在现实经济生活中，政府通过税种的设置、课税对象的选择、税目和税率的确定以及课税环节的规定来体现其宏观经济政策；同时，政府通过税收优惠政策，引导投资者或消费者采取符合政策导向的行为，税收的政策导向使纳税人在不同行业、不同纳税期间和不同地区之间存在税负差别。由于企业投资、经营、核算活动是多方面的，纳税人和纳税对象性质是不同的，其涉及的税收待遇也有所不同，这为纳税人对其经营、投资和理财活动等纳税事项进行前期策划提供了现实基础。税收筹划促使企业根据实际生产经营活动情况权衡选择，将税负控制在合理水平。若企业的涉税活动已经发生，则纳税义务也就随之确定。从这个意义上讲，税收筹划是以经济预测为基础，对企业决策项目的不同涉税方案进行分析和决策，为企业的决策项目提供决策依据的经济行为。

### （三）税收筹划是一种合法行为

合法性是进行税收筹划的前提，企业应注意避税和税收筹划的区别。单从经济结果看，两者都对企业有利，都是在不违反税收法规的前提下采取的目标明确的经济行为，都能为企业带来一定的财务利益，但它们策划的方式和侧重点却存在本质的差别。避税是纳税人根据自身行业特点，合理利用税收制度和征管手段中的一些尚未完善的条款，有意识地从事此方面的经营活动以达到少交税款的目的，侧重于采取针对性的经营活动。税收筹划是纳税人以税法为导向，对生产经营活动和财务活动进行筹划，侧重于挖掘企业自身的因素而对经营活动和财务活动进行的筹划活动。避税是一种短期行为，只能注重企业当期的经济利益，随着税收制度的完善和征管手段的提高，将会被限制在很小的范围；而税收筹划则是企业的一种中长期决策，兼顾当期利益和长期利益，符合企业发展的长期利益，具有更加积极的因素。从这方面看，税收筹划是一种积极的理财行为。

企业作为市场竞争的主体，具有独立的经济利益，在顺应国家产业政策引导和依法经营的前提下，应从维护自身整体经济利益出发，谋求长远发展。税收作为国家参与经济分配的重要形式，实质是对纳税人经营成果的无偿占有。对企业而言，缴纳税金表现为企业资金的流出，抵减了企业的经济利益。税收筹划决定了企业纳税时可以采用合法方式，通过挖掘自身的因素实现更高的经济效益。这样企业在竞争中进行税收筹划活动便显得极为必要。

## 二、税收筹划得以实现的前提条件

### （一）税收政策

目前，在全球经济一体化的大背景下，各国为了吸引资本和技术的流入，都在利用税收对经济的杠杆作用，不断调整税收政策，即税收筹划方案不是一成不变的，它会随着影响因素的变化而变化。因此，在进行税收筹划时，企业应不断了解税收方面的最新动态，不断完善筹划方案，使筹划方案更适合企业发展的需要。目前，我国实施了《中华人民共和国行政许可法》，使得税务部门对纳税人有关涉税事项由事前审批变为事后检查，在会计政策的选择上给予企业更多的选择权，为税收筹划创造了更大的空间。

### （二）企业的发展战略

企业在制定发展战略时，必然会考虑宏观的环境和自身经营情况。宏观的环境包括各地区的税收政策，但税收政策并不总是有利于企业的经营战略。因此，企业在权衡利弊以后制定出的发展战略更需要通过税收筹划来尽量减少各种不利的影响。

## 三、税收筹划在财务管理中的应用

税收筹划涉及企业与税收有关的全部经济活动。在财务管理中，税收筹划分析的角度有很多，在此仅对税收筹划应用结果的表现形式进行简要的分析。

（一）通过延期纳税，实现财务利益

资金的时间价值是财务管理必须考虑的重要因素，而延期纳税直接体现了资金的时间价值。假定不考虑通货膨胀的因素，企业的经营环境未发生较大变化，在某些环节中，在较长的一段经营时期内交纳的税款总额不变，只是由于适用会计政策的不同，各期交纳税款不同。根据会计准则和会计制度规定，企业采用的会计政策在前后各期保持一致，不得随意发生改变。例如，存货成本确定和提取折旧等对企业所得税的影响，从理论上讲，购置存货时所确定的成本应当随该项存货的耗用或销售而结转，由于会计核算采用了存货流转的假设，在期末存货和发出存货之间分配成本，存货计价方法不同，对企业财务状况、盈亏情况会产生不同的影响，进而对当期的企业所得税有一定的影响。折旧提取与此类似，采用不同的折旧提取方法，各期提取折旧的数额不同，对当期的企业所得税的数额有不同的影响。但从较长时期来看，企业多批存货全部耗用和固定资产在整个使用期限结束后，对企业在此期间的利润总额和所得税款总额并未有影响。税收筹划起到了延期纳税的作用，相当于得到了政府的一笔无息贷款，实现了相应的财务利益。另外，纳税人拥有延期纳税权，可直接利用延期纳税获得财务利益。企业在遇到一些未预见的事项或其他事件时，如果预见到可能出现财务困难局面，则可以依据税收征管法提前办理延期纳税的事项，甚至可以考虑在适当的期间以交纳税收滞纳金为代价延期交纳税款以解企业的燃眉之急，为企业赢得有利的局面和时间，以此来缓解当前财务困难的情况。

（二）优化企业税负，实现财务利益

（1）对从事享有税收优惠的经营活动或对一些纳税"界点"进行控制，直接实现财务利益。如税法规定企业对研究开发新产品、新技术、新工艺所发生的开发费用比上年实际发生费用增长10%（含10%）以上（此处10%是一个界点），其当年发生的技术开发费除按规定可以据实列支外，年终经主管税务机关审核批准后，可再按其实际发生额的50%直接抵扣当年的应纳税所得额，增长额未达到10%以上的不得抵扣。企业的相关费用如果接近这一界点，则应在财务能力许可的情况下，加大"三新费用"的投资，达到或超过10%这一界点，以获取财务利益。

（2）对经营、投资和财务活动进行筹划，间接获得其中相应的财务利益。例如企业的融资决策，企业的融资渠道包括借入资金和权益资金两种，无论从何种渠道获取资金，企业都要付出一定的资金成本。借入资金和权益资金的成本率、面临的风险和享有的权益各不相同，它们的资金成本的列支方法也不同，进而将直接影响企业当期的现金流量。

## 四、税收筹划应注意的问题

税收筹划作为一种财务管理活动，在对企业的经济行为加以规范的基础上，经过精心的策划，使整个企业的经营、投资行为合理合法，使财务活动健康有序。由于经济活动具有多样性和复杂性，企业应立足于企业内部和外部的现实情况，策划适合自己的筹划方案。

## （一）企业的利益最优化

税收筹划的目的是获得相关的财务利益，使企业的经济利益最优化，从结果看，一般表现为降低了企业的税负或减少了税款交纳额。因此，很多人认为税收筹划就是为了少交税或降低税负。笔者认为这是对税收筹划认识的"误区"。应当注意的是，税负高低只是一项财务指标。税收筹划作为一项中长期的财务决策，制定时要做到兼顾当期利益和长期利益。在某一经营期间，交税最少、税负最低的业务组合不一定对企业发展最有利。税收筹划必须充分考虑现实的财务环境以及企业的发展目标和发展策略，运用各种财务模型对各种纳税事项进行选择和组合，有效配置企业的资金和资源，最终获取税负与财务收益的最优化配比。

## （二）税收筹划的不确定性

企业的税收筹划是一项复杂的前期策划和财务测算活动。企业要根据自身的实际情况，对经营、投资、理财活动进行事先安排和策划，进而对一些经济活动进行合理的控制。但这些活动有的还未实际发生，企业主要依靠以往的统计资料作为预测和策划的基础和依据，建立相关的财务模型。企业在建立模型时，一般只能考虑一些主要因素，而对其他因素采用简化的原则或是忽略不计，筹划结果往往是一个估算的范围；而经济环境和其他因素的变化，也使得税收筹划具有一些不确定因素。因此，企业在进行税收筹划时，应注重收集相关的信息，减少不确定因素的影响，据此编制多个可行的纳税方案，选择其中最合理的方案实施，并对实施过程中出现的各种情况进行相应的分析，使税收筹划的方案更加科学和完善。

## （三）税收筹划的联动性和经济性

在财务管理中，企业的项目决策可能会与几个税种相关联，各税种对财务的影响彼此相关，不能只注重某一纳税环节中个别税种的税负高低，要着眼于整体税负的情况，针对各税种和企业的现实情况综合考虑，对涉及的各税种进行相关的统筹，力争取得最佳的财务收益。但这并不意味着企业不考虑理财成本，对经营期间内涉及的所有税种不分主次，统统都详细地分析和筹划。一般而言，对企业财务活动有较大影响且可筹划性较高的税种有流转税类、所得税类和关税等；而对于其他税种，如房产税、车船使用税、契税等财产和行为税类，筹划效果可能并不明显。从事不同行业的企业，所涉及的税种对财务的影响不尽相同，企业进行税收筹划时，要根据实际的经营情况和项目决策的性质，对企业财务状况有较大影响的税种可考虑其关联性，进行精心筹划，其他税种只须正确计算缴纳额即可，使税收筹划符合经济性原则。

随着市场经济体制的不断完善，企业必须提高竞争能力以抵御来自国内、国际市场的挑战。

财务管理活动作为现代企业制度的重要构成部分，在企业的生存、发展和获利方面将发挥越来越重要的作用。税收筹划树立了一种积极的理财意识，对于一个有发展前景和潜力的企业，这种积极的理财意识无疑更加符合企业的长期利益。

# 第五节　区块链技术与财务审计

传统会计的工作方式和会计概念体系由于区块链可以针对交易创建一个分布式数据库，在这一分布式账簿体系中，所有交易的参与者都能针对交易数据存储一份相同的文件，可以对其进行实时访问和查看。对于资金支付业务来说，这种做法影响巨大，可以在确保安全性和时效性的基础上分享信息。区块链的概念对财务和审计有着深远影响。随着财务会计的产生和发展，企业财务关系日益复杂化，特别是随着工业革命兴起，手工作坊逐渐被工厂代替，需要核算成本并进行成本分析，财务管理目标从利润最大化发展到股东权益最大化。进入信息时代以后，互联网技术日益发展，企业交易日益网络化，产生大量共享数据，人们开发了企业资源计划的会计电算化软件和基于客户关系的会计软件。传统企业进行业务交易时，为了保证客观可信，通过各种纸质会计凭证反映企业间经济关系的真实性。在互联网时代，企业进行业务往来可以通过区块链系统实现两个节点数据共享，以云计算、大数据为代表的互联网前沿技术日益发展成熟，传统财务管理以成本、利润中心分析模式被基于区块链无中心财务分析替代。由此可见，区块链技术的应用对财务、审计发展的影响是极为深远的。

## 一、区块链的概念与特征

所谓区块链就是一个基于网络的分布处理数据库。企业交易数据分散存储于全球各地，如何才能实现数据相互链接？这就需要以相互访问的信任作为基础保障。区块链通过基于物理的数据链路将分散在不同地方的数据联合起来，各区块数据相互调用并不需要一个作为中心的数据处理系统，而是通过链路实现数据互链，削减现有信任成本，提高数据访问速度。区块链是互联网时代的一种分布式记账方式，其主要特征有以下几点。

### （一）没有数据管理中心

区块链能将储存在全球范围内各个节点的数据通过数据链路互联，每个节点交易数据都能遵循链路规则实现访问，该规则基于密码算法而不是管理中心发放访问信用，每笔交易数据由网络内用户互相审批，所以不需要一个第三方中介机构进行信任背书。对任一节点进行攻击，并不能使其他链路受影响。而在传统的中心化网络中，对一个中心节点实行有效攻击即可破坏整个系统。

## （二）无需中心认证

区块链通过链路规则，运用哈希算法，并不需要传统权威机构的认证。每笔交易数据由网络内用户相互给予信用，随着网络节点数增加，系统的受攻击可能性呈几何级数下降。在区块链网络中，参与人不需要信任任何人，只需相互信任，随着节点的不断增加，系统的安全性也会增加。

## （三）无法确定重点攻击目标

由于区块链采取单向哈希算法，网络节点众多，又没有中心，很难找到攻击靶子，因此不能入侵篡改区块链内数据信息，一旦区块链内数据信息被入侵篡改，该节点就会被其他节点排斥，从而保证了数据安全。

## （四）无需第三方支付

区块链技术产生后，各交易对象之间货款支付的安全性增加，无须第三方支付就能实现交易，从而降低了由第三方支付带来的双向支付成本。

# 二、区块链技术对审计理论、实践产生的影响

## （一）区块链技术对审计理论体系的影响

### 1.审计证据发生变化

区块链技术的出现使传统的审计证据发生改变。审计证据包括会计业务文档，如会计凭证。在区块链技术出现后，企业间交易在互联网上进行，相互间经济运行证据变成非纸质数据，审计对证据的核对由两个区块间通过数据链路实现数据跟踪。

### 2.审计程序发生变化

传统审计程序从确定审计目标开始通过制订计划、执行审计，到发表审计意见结束。计算机互联网审计要求采用白箱法和黑箱法对计算机程序进行审计，以检验其运行的可靠性；在执行审计阶段主要采用逆查法，从报表数据通过区块链技术跟踪到会计凭证，实现数据客观性、准确性审计。

## （二）区块链技术对审计实践的影响

### 1.提高审计工作效率，降低审计成本

计算机审计比传统手工审计效率更高。区块链技术产生后，为计算机审计的客观性、完整性、永久性和不可更改性提供了保证，保证了审证具体目标的实现。区块链技术产生后，人们利用互联网大数据实施审计工作，大大提高了审计效率；解决了传统审计证据不能及时证实，不能满足公众对审计证据真实、准确的要求，也不能满足治理层了解真实可靠会计信息，实现对管理层有效监管的难点。传统审计需要通过专门审计人员运用询问法对公司相关会计

信息发询证函进行函证，从而需要花费很长时间才能完成证实，无论是审计时效性，还是审计耗费都不划算。而计算机审计，尤其是区块链技术产生后，审计进入网络大数据时代，分布式数据技术能实现各区块间数据共享追踪，区块链技术保证这种共享的安全性，其安全维护成本低。由于区块链没有管理数据中心，具有不可逆性和时间邮戳功能，审计人员和治理层、政府、行业监管机构可以通过区块链及时追踪企业账套数据，从而保证了审计结论的正确性。计算机自动汇总计算也保证了审计工作底稿等数据汇总的快速、高效。

2. 改变审计重要性认定

审计重要性是审计学的重要概念。传统审计工作将在审计计划中确定审计重要性指标作为评价依据，审计人员通过对财务报表数据进行计算，确定各项财务指标，计算重要性比率和金额，通过手工审计发现会计业务中的错报，及时评价错报金额是否超过重要性金额，从而决定是否进一步开展审计程序。而在计算机审计条件下，审计工作可实现以账项为基础的详细审计，很少需要以重要性判断为基础的分析性审计技术。

3. 改变内部控制的内容与方法

传统审计由于更多是以制度基础审计的，更多运用概率统计技术进行抽样审计，从而解决了审计效率与效益相矛盾的问题。区块链技术产生后，人们运用计算机审计，审计的效率与效果都得到提高。虽然区块链技术提高了计算机审计的安全性，但计算机审计风险仍然存在，传统内部控制在计算机审计下仍然有必要。但其内容发生了变化，人们更重视计算机和网络安全维护，重视计算机操作人员岗位职责及岗位分工管理与监督。内部控制评估方法也更多从事后调查评估内部控制环境，改为到过程中运用视频监控设备进行实时监控。

## 三、区块链技术对财务活动的影响

### （一）对价格和利率的影响

基于互联网的商品或劳务交易，其支付手段形式更多表现为数字化、虚拟化。由于网上商品信息传播公开、透时、无边界与死角，消除了传统商品在经济条件下的信息不对称，商品价格也变得更透明了。在财务管理中运用的价格、利率等分析因素与以前不同，边际贡献、成本习性也不同。

### （二）使财务关系发生变化

财务关系是指在企业资金运动过程中所表现出来的企业与企业经济的关系。区块链运用现代分布数据库技术、现代密码学技术，将企业与企业以及企业内部各部门联系起来，通过大协作，形成了比以往更复杂的财务关系。企业之间的资金流动不再需要以货币为媒介，传统企业支付以货币进行，而现代企业支付以电子货币进行，财务关系表现为大数据之间的关系，也可以说是区块链关系，这种关系减少了不少地方关系。

### （三）提高了财务工作的效率

**1. 直接投资与融资更方便**

传统财务的筹资成本高，还需中间人参与，如银行等。区块链技术产生后，互联网金融得到很大发展。在互联网初期，网上支付主要通过银行这个第三方进行。区块链能够实现新形式的点对点融资，人们只要通过互联网下载一个区块链网络的客户端，就能实现交易结算、投资理财、企业资金融通等服务，并且使交易结算、投资、融资的时间从几天、几周变为几分几秒，能及时反馈投资红利的记录与支付效率，使这些环节更加透明、安全。

**2. 提高交易磋商的效率**

传统商务磋商通过人员在现场进行交流沟通，对商品交易价格、交易时间、交货方式等进行磋商，最后形成书面合同。而在互联网下，区块链技术保证了网上沟通的真实、安全、有效，通过网上实时视频磋商，通过网络传送合同，通过区块链技术验证合同有效性，大大地提高了财务业务的执行效率。

### （四）降低了财务成本

**1. 减少了交易环节，节省了交易成本**

由于区块链技术使用，电子商务交易能够实现点对点交易结算，交易数据能够同 ERP（enterprise resource planning，企业资源计划）财务软件协同工作，能够实现电子商务交易数据和财务数据及时更新，资金转移支付不再需要通过银行等中介，解决了双向付费问题，尤其在跨境等业务中，可以少付许多佣金和手续费用。

**2. 降低了信息获取成本**

互联网出现后，人们运用网络从事商务活动，开创了商业新模式，商家通过网络很容易就能够获得商品信息；在大量网络数据中，运用区块链技术跟踪网络节点，可以监控一个个独立的微商业务活动，找到投资商，完成企业重组计划，也可通过区块链技术为企业资金找到出路，获得更多投资收益。可见，区块链技术降低了财务信息获取成本。

**3. 降低了信用维护成本**

区块链技术不基于中心的信用追踪机制，人们能通过区块链网络检查企业交易记录、声誉得分以及其他社会经济因素的可信性，交易方能够通过在线数据库查询企业的财务数据，来验证任意对手的身份，从而降低了信用维护成本。

**4. 降低了财务工作的工序作业成本**

企业财务核算与监督有许多工序，每一道工序都要花费一定的成本。要做好企业财务工作，保证财务信息的真实性，必须运用区块链技术，由于其无中心性，能减少财务作业的工序数量，节省每一道工序花费的时间，在安全、透明的环境中保证各项财务工作优质、高效地完成，从而在总体上节约工序成本。

# 第六节　财务管理信息化研究

当今时代是属于互联网的时代，也是信息技术高速发展并不断改变人类生活环境的时代。在这个时代，人们之间的交流日益便利，信息的获取、资源的使用、业务的开展更加顺畅；同时，市场所面临的不确定性因素也越来越多。各类组织机构要想跟上时代发展的步伐，从而焕发出新的生机和活力，仅依靠传统的人或机器进行经营管理活动是很难做到的。财务管理作为组织管理的重要一环，所要处理的数据复杂、烦琐，更需要便利化、快捷化、信息化的处理工具来辅助财务人员进行预算、内控、风险管理等业务。本节在简要分析信息化在财务管理中所发挥的重要作用的基础之上，提出了各类组织在实现财务管理信息化进程中的注意点，希望对推进财务管理信息化进程有所启示。

## 一、财务管理信息化的重要性分析

### （一）提高财务管理的效率和质量

传统的依靠人力进行财务核算、管理、监控的模式效率比较低，在人员信息收集、数据整理过程中难免会发生因人员操作失误而出现纰漏的状况。随着信息技术与专业会计处理软件的不断完善，组织机构内部的财务处理模式也经历了由人工核算到依靠用友、金蝶会计处理软件开展财务管理工作，再到现在使用可将组织经营各环节进行融合的 ERP 系统的过程。在这个转变过程中，各组织机构的财务管理效率得到了极大的提升，财务管理人员可从原有的烦琐数据收集、整理工作中解放出来，将财务管理的关注点放到与组织经营目标相匹配的关键环节中去，使得财务管理工作的质量有了显著的提高。信息化财务处理软件发挥作用的机制从以下两方面得以显现：首先，从信息收集方面来看，借助信息化技术，例如内部网可将原有零散化的各部门数据集合起来，各部门可通过内部沟通渠道将各自在业务开展过程中所发生的财务信息传递给财务管理部门，使该部门人员可以快速获取其所需要的信息，减少信息收集的时间，提高财务管理工作的效率。其次，信息化技术可以实现财务管理各系统之间的对接，实现财务管理工作的整体化和一体化。

专业化分工是现代劳动的特点，可以最大化地发挥员工的专业技能、减少工作转换所造成的时间浪费。对于财务管理工作而言也是如此。那些财务管理完善、水平较高的大型企业，不同的财务管理工作由不同的人员负责，例如有人负责全面预算管理，有人重点进行内控机制的建设，他们所使用的系统软件和工具可能也会有所差别。而要想将这些系统、部分连接起来形成系统化的财务管理，就需要信息技术，通过信息化平台实现各系统和人员的对接。

## （二）加强资金监管

对于财务管理工作而言，资金管理是中心环节。该项管理是一项贯穿组织机构全程的工作，不仅在各部门经营业务完成后对其资金使用明细进行核查，同时还包括资金使用前的规范和管理。企业从招标入手，配备专业人员负责该项活动，通过谈判的形式与投标公司达成共识，在保障质量的前提下将企业所需物资的价格降至最低；进行新产品开发之前，对新产品开发的可行性进行分析，在进行充分的市场调查的情况下开展产品研发活动，将后期新产品研发失败所带来的风险降至最低。那么，如何借助信息化技术实现资金管理环节的高效化、廉洁化是财务管理部门应该考虑的重点问题。首先，借助信息化的工具，组织可以对机构内部经营活动的流程进行优化，将不必要的环节剔除，对存疑的环节及时进行调整，实现采购、生产等部门与财务管理部门的直接对接，将各部门资金的使用情况直接置于财务人员的监管之下，减少资金在中间过程中的浪费和贪污；其次，通过直接的信息对接，财务管理部门能够及时掌握各资金使用部门的需求和实际使用状况，为制订资金使用计划、审核资金账目提供充足的数据支持。

## （三）精确财务预算

预算管理是企业财务管理的另一个重要方面。对于预算管理而言，信息化工具和手段的使用可以从改善预算编制、加强预算控制、便利预算反馈三个方面提升预算管理的质量，进而提高整个组织内部的财务管理水平。从预算编制来看，信息化财务管理工具的普及使得财务管理部门能在较短的时间内收集到组织内部的财务历史数据和实际部门需要，最大限度地实现组织资金、固定资产、原材料等预算编制的精确性，为后期具体工作的开展提供指导依据。从预算控制来看，通过信息化的沟通渠道，财务管理部门可对预算方案的执行情况进行监督，对因环境变动而出现的预算与实际需要不匹配的状况及时修正，根据现实需要调整预算方案；对于因人员自身纰漏而出现的预算执行未到位的情况，根据纰漏程度对相关人员进行追责，保障预算方案的执行。从预算反馈来看，及时性的预算方案执行效果的反馈是高层进行战略规划与部署所需要的信息之一，在一定程度上影响着组织的长远经营走向。通过信息化手段，预算部门可以将预算执行效果及时反馈给上级主管，为上级部门把握组织经营状况、资金与物料使用状况提供数据。

## 二、推进财务管理信息化进程的注意点

### （一）构建与信息化相匹配的人才队伍

组织活动最基本的元素是人，财务管理信息化过程的推进更是离不开人才队伍的配置。对于组织而言，要想实现信息化系统的落实和推进，构建起相匹配的人才队伍，需要从以下几个方面入手。

#### 1.转变财务人员的财务管理意识

原有的财务管理工作仅仅局限在财务管理部门，不管是信息的收集、预算的制定还是报表的生成都是由财务人员一手包办，财务人员所关注的焦点集中在当前组织的财务行为上面，财务管理工作还未与组织战略进行对接。而信息化财务处理工具的使用使得各部门之间、各职员之间的沟通更加密切，财务管理工作不仅仅由财务部门负责，其他部门和人员同样有义务为财务管理工作提供实时信息和自己的建议。因此，财务人员要转变自身的财务管理理念，重视信息化工具在财务管理中的使用，主动学习并使用信息化工具；同时，将资源的共享观念贯彻到财务管理的过程中去，做好财务管理与战略之间的对接，专注组织未来经营发展的需要。

#### 2.加大培训力度和范围，提高财务人员的专业技能和基本技能

与传统的财务管理相比，信息化的财务管理模式对员工的要求更高，其不仅需要掌握专业的财务处理、核算技能和理论知识，还需要学习信息化系统的使用操作知识。这就需要企业在进行财务人员培训的过程中做好课程的设计与安排，针对现有的财务管理人员设计培训内容和项目，选择合适的培训方式对内部员工进行培训。

#### 3.培养与信息化相匹配的人才队伍

除了对现有人员进行培训外，还可以通过招聘的形式重塑人员结构。在招聘的过程中，采取人力资源部门主导、财务部门辅助的形式对应聘人员的财务管理素养、计算机操作技能、会计处理软件使用情况进行考察，从源头上提高人才队伍的整体水平。

### （二）配置相关的基础设施

信息化平台的建立不是财务管理信息化的终点。要想使新建立起来的工具发挥其内在的作用，就必须保证该工具有效贯彻、落实下去。也就是说，财务管理信息化的推进需要组织内部其他机制的配合。首先，结合国家的相关法律规定制定适合组织内部的财务管理信息化制度。该制度不仅要包含信息化流程中各部门应有的职责和权力，还应该明确财务评价的指标和要素，对于不按照制度办事的员工和部门给予一定的惩罚。其次，做好信息系统的安全保护工作。信息化的财务管理模式在给组织带来便利的同时也带来了一定的风险，其中之一便是网络安全问题。一旦组织网络受到非法攻击，组织内部的信息和资源就很可能被不法分

子利用，给组织的经营带来威胁。各机构在使用信息技术构建财务管理系统的同时要配置相应的安全机制与软件，将网络风险控制在自身可以掌控的范围之内。最后，便捷、快速的沟通渠道是信息化财务管理不可缺少的基础配置。借助正式或非正式的沟通网络，各部门可以及时分享资源和信息，形成强大的监督合力，对财务管理工作进行监督。

# 第七节　网络环境下的财务管理

近年来，互联网平台的发展由快速走向成熟，各行各业的发展更是越来越离不开网络的支撑。企业的财务管理在网络环境的推动下，也不得不改变传统的财务管理方式，并将财务软件、计算机技术等与财务相关的内容重新规划并纳入企业管理的范围，而电子商务逐渐成为企业的核心经营板块。企业财务管理的变革不仅促进了企业管理的数字化、信息化进程，而且加快了企业电子商务的发展，更加规范了企业的管理流程；同时，网络平台的应用也给企业带来了巨大的影响和挑战。因此，在这种背景下，企业将如何创新和变革财务管理才能适应未来社会发展的需要，已经成为每个企业关注的重要问题。

## 一、网络环境下企业财务管理模式的特点

### （一）数据实时传递，有利于加强内部控制

网络信息系统的应用改变了传统财务管理中财务数据不能及时传递的弊端。在网络环境下，企业财务信息系统可以实现对数据的实时传递、资源共享和监控反馈等功能，随时可以更新企业各个环节的数据，并将数据传递给信息使用者，这更能体现财务数据的真实性；同时，通过及时反馈得来的财务数据也加强了对企业的内部控制，从而提高了企业的财务管理水平。

### （二）运行环境更加开放

在网络环境下，企业可以利用财务软件的兼容性特点，将财务数据在其中的计算机端口输入，其他链接的终端设备就可以查询、分享、下载这些数据，这不仅大大减少了重复输入数据的时间，提高了工作效率，而且为信息使用者提供了第一手资料，从而发挥了财务管理的指导作用。

### （三）数据信息更加集中

传统的财务数据体现在报表上，数据分散且没有关联性，要想获得数据之间的联系，需要花费很长的时间。而系统的财务软件的应用，让企业的财务数据前后衔接起来，可以针对不同的要求将数据分组，数据之间既相互独立又相互关联，更加方便企业管理者利用、分析和使用数据。

## 二、网络环境对企业财务管理的影响

网络环境对企业财务管理的影响主要体现在以下三点。

### （一）加大了财务系统的安全问题

网络信息系统的应用，在一定程度上给企业财务数据的使用带来了方便，也使得数据信息更加不容易被控制，面临着严重的安全问题。一方面，由于网络具有全球性、开放性的特点，网络本身存在着不安全性，网络环境并不稳定，一旦遭受不明病毒等因素的入侵，就会给企业数据造成严重的损失，从而影响企业财务管理工作，进而直接损害企业的利益；另一方面，在使用财务管理软件时，要严格设置访问财务管理系统的权限，防止财务信息被人为修改，保证财务信息的准确性、真实性和可靠性，这无疑大大提高了对网络财务系统的安全性要求。

### （二）转变了财务管理的职能

网络财务管理在运行中能够实现财务信息与企业数据资源的实时共享和反馈，直接体现了财务对企业的内部控制和管理，因此财务管理的核心也逐渐由传统的财务核算向财务控制转变。财务人员的职能不再是单一核算，而是更多地参与到企业的管理中。财务职能的这种转变更有利于发挥财务管理的核心作用，同时也提高了对财务管理人员的要求。

### （三）财务报表要求更加规范

网络财务管理具有固有的流程和模式，具有自动生成记账凭证、编制财务报表的功能。财务报表上的数据之间是可以进行相互比较的，这大大地提高了财务数据的真实性和可比性，使财务管理更加规范化和标准化。因此，在使用财务报表时，财务工作人员只有提高自己的专业能力和综合素质，才能适应企业规范化的管理要求。

## 三、网络环境下企业财务管理的创新思路

通过对企业财务管理模式的特点和网络环境对企业财务管理的影响进行分析，可以看出，企业要想实现最终目标，获得利益最大化，就必须不断适应网络经济的新环境，积极探索财务管理的新模式，不断改变传统的财务管理方法，变革财务管理机制，来满足社会的发展要求。因此，在目前网络化发展的环境下，企业要想实现财务管理的网络化和信息化，必须做好以下几个方面的工作。

### （一）创新财务管理模式

在网络环境下，企业的财务管理模式由原有的分散的、局部的管理模式向更加集中的方式转变，企业要充分利用网络的特点和优势，对企业的财务数据进行远程报账、查账、监控库存，对经营业绩等数据进行监控，充分地调动和利用财务网络系统的实时数据资源，及时

掌握企业的财务状况，从而规避财务风险。这种管理模式的创新，使企业能够实现集中式管理，对企业的资源进行合理的整合和配置，最终提高企业的竞争力。

### （二）创新企业财务核算内容

对于传统的企业，主要由土地、设备和厂房等资产的多少来决定企业的竞争力，这些也构成了企业财务核算的主要内容。但是，随着网络化的快速发展，企业已经将核算的重心转移到基于内外供应链管理的会计信息管理和决策分析方面。新的发展环境要求人人都是企业财务信息的处理者，企业的每个员工都要协助企业的管理者做好产品设计规划、产品种类、产品销量等方面的工作，这样才能保证为企业创造最大的利润。

### （三）健全财务管理系统的安全保障体系

由于财务数据直接反映了企业的资产状况、负债情况、利润收益和现金流量等内部信息，更体现了企业的经营运行情况，因此财务数据信息的真实性和安全性就变得十分重要。在这种情况下，安全问题也是企业应该考虑的首要问题之一。因此，企业在使用网络财务管理系统时，要针对网络的漏洞和安全问题，创建以数字化技术为先导，以市场化需求为标准，综合运用互联网的多媒体技术、超文本技术等，建立起具有动态的、实时的、可监控的财务系统，从而形成具有多层次、立体化的财务安全保障体系。

### （四）创新企业财务管理人员培训体系

创新企业的财务管理，首先要改变传统的财务管理理念，摒弃以前的以"资金"为中心的管理理念。企业应该打破传统的收益分配格局，逐步创新并建立起责、权、利相结合的分配理论和财务运行机制，这样才能充分地调动员工的积极性，实现企业的管理目标。企业的价值不再只是体现在企业拥有的债券、股票价值、企业规模和经营收益方面，还提倡"以人为本"的管理理念，并将人才作为企业经济发展的核心。因此，在以数字化、网络化和信息化技术为先导的新环境下，企业在转变财务管理理念后，要更加注重对财务人员进行网络技术和业务操作等内容的培训，以此提高财务相关人员的思想觉悟和业务操作水平，有效提高财务人员的管理和创新能力，从而真正实现企业"以人为本"的管理模式。企业主要应做好以下培训工作：一是将员工根据工作经历、背景、学历、能力等条件进行分组，已经掌握财务管理和经济理论基础的管理人员可以通过进一步培训现代网络技术，将他们所学的经济学、会计学、网络技术等有机地结合起来，帮助他们实现全方位、多角度地分析新经济环境发展的需要，从而给企业的领导者提供有价值的财务决策信息；二是针对没有网络基础的基层财务人员，制定适合他们学习的课程，通过技术培训增加他们的网络基础知识，从而提高他们对企业经营状况的评估和分析能力。只有不断加强对财务人员的网络技术培训，才能提高企业财务人员的整体水平。

　　在当前互联网技术、信息技术突飞猛进的现代社会，企业要想获得更好发展，就要及时了解社会经济发展的新趋势，变革传统财务管理的模式和方法，通过创新企业财务核算内容、加强企业财务管理安全保障体系、创新企业财务管理人员培训体系等，全面提高企业的核心竞争力，最终实现企业的可持续发展目标。

# 第五章　企业营运资金管理模式

## 第一节　企业营运资金管理

### 一、我国企业营运资金管理存在的问题

#### （一）流动资金不足

目前，我国企业普遍存在流动资金短缺的情况，所以面临着营运资金风险。作为社会资源的一种整体体现，包括流动资金在内的资金的紧缺是在所难免的。但是，这种流动资金的紧缺状况已经超出了理性的极限，诸多不合理因素的存在严重干扰了各企业和全社会总体营运资金的运转。一方面，营运资金作为维持企业日常生产经营所需的资金，与企业经营活动的现金循环密切相关，营运资金不足将直接影响企业交易活动的正常进行；另一方面，企业要想扩大规模或者转产经营，也会因得不到必要的资金而一筹莫展。

#### （二）营运资金低效运营

企业营运资金低效运营的情况十分普遍，主要表现为以下几点。

1. 不良资产占用了大量资金

在计划经济向市场经济转轨的过程中，许多企业对市场认识不足，盲目生产，导致产品结构不合理，企业竞争力差，原材料、产成品、半产品等存货不断积压，占用了企业大量资金。此外，部分企业存货的账面价值大大高于其市价，但高出部分并没有被及时摊入企业成本费用中，造成存货中包含大量"水分"。

2. 应付账款使用率差距大

应付账款周转期越短，说明企业的偿债能力越强。无限制延长应付账款周转天数，会降低企业信用等级。但是，如果企业能在一定期限内有效地使用商业信用这种无息借款，则必然会减轻企业的利息负担，增加收益。在我国，企业信用体系并不健全，部分大企业利用自身的信用优势，过分地依靠应付账款融资，造成应付账款的周转率极低，而小企业由于自身原因，较难获得商业信用；还有一些具备利用商业信用条件的企业却抱着"不欠债"的传统保守观念，放弃了这种无息的资金来源。应付账款融资方式在各企业中没有达到充分而有效的利用，降低了营运资金的运营效率。

3. 流动资金周转缓慢

这种情况迫使企业大量借入流动资金，利息的压力又加剧了企业的亏损状况，使企业营运资金周转呈现出恶性循环的局面。

### （三）营运资金管理弱化

企业的营运资金管理混乱，缺乏行之有效的管理措施和决策策略，也是当前企业存在的重要问题之一。

1. 现金管理混乱

流动性最强、获利能力最低是现金资产的特点。现金过多或不足均不利于企业的长期发展。部分企业，尤其是广大中小企业，财务管理机构不健全、财务人员短缺，没有制定合理可行的最佳现金持有量，没有编制现金预算，也没有采取有效措施对现金日常收支进行控制；现金管理有很大的随意性，经常出现没有足够的现金支付货款和各种费用的情况，或者出现现金过剩现象，这种针对现金的粗放型管理模式是不能适应市场竞争趋势的。

2. 应收账款控制不严，资金回收困难

很多企业业务收入的连年增长并没有带来利润的持续增长，主要原因就是同期应收账款数额增长的比例更大，而且账龄结构越来越趋于恶化，经营净现金流量持续为负。

## 二、完善企业营运资金管理的对策

### （一）改善企业外部环境，合理分配企业利润

1. 完善财政体制改革

政府应在进一步明确政企关系、加快企业制度改革的基础上，进一步完善财政体制改革，为企业形成资本积累机制创造宽松的环境；同时积极推行现代企业制度，充分地利用现代企业科学的治理结构，明确各方的责、权、利，使企业做到彻底的自主理财。企业必须能够真正从其对资产增值的关心上获得增强积累和有效分配投资的内在动力，这样才能自觉注重资金积累，成为真正意义上的独立经济实体。

2. 规范企业的利润分配

当前有些企业只注重实惠而不考虑企业的生产发展后劲儿，以各种名义乱发奖金或用于福利建设，从而挤占生产资金。考虑到流动资金紧张状况，企业的利润分配应坚持积累优先原则，首先满足生产经营之需要，然后再将税后利润在投资者之间进行合理分配。

### （二）改变企业经营观念，强化企业内部管理

（1）认真做好营运资金计划，事先掌握各流动项目和资本支出的变动趋势，预先消除影响营运资金状况的消极因素。

（2）加强营运资金管理的制度建设，做到规范、合理和有序的管理，提高管理层次和水平。

（3）建立营运资金管理考核机制，加大企业内部审计的监督力度。

（4）加强企业财务预算，以此提高企业运营效率。制定预算不仅有助于预测风险并及时采取有效措施防范风险，同时还可以协调企业各部门的工作，提高内部协作的效率。

### （三）控制固定资产投资规模，防止不良流动资产

固定资产投资的特点是：一次性全部投入，占用资金较大，资金的回收是通过分次逐步实现的。固定资产回收是在企业再生产过程中，以折旧的形式使其价值脱离实物形态，进而转移到生产成本中，通过销售转化为货币资金的。这种资金的回收往往是缓慢的。由于投资的集中性和回收的分散性，要求企业对固定资产投资，必须结合其回收情况进行科学合理规划，避免出现企业在实际经营过程中过分追求投资规模和扩大生产能力，而影响营运资金正常运作的情况。不良流动资产主要是指不能收回的应收款项和不能按其价值变现的积压、变质和淘汰的存货。这些不良流动资产产生的主要原因在于管理问题，并会直接导致营运资金流失，使企业遭受经济损失。防止不良流动资产的产生应做好以下几方面工作：产品以销定产，确定货款回收责任制，与信誉好的用户制定回款周期，保证及时收回货款；在会计核算方面采取谨慎原则，按规定提取坏账准备金，以防止坏账的发生；把好物资采购关，防止采购伪劣物资，并做好仓库物资保管工作，及时维护各类物资，防止变质和损坏；合理确定物资储备定额，防止过量储备，根据市场情况及时调整，对于供大于求的物资按月需求量订货结算，甚至采取无库存管理。

## 第二节　营运资金的周转

随着社会经济全球化进程的不断发展，我国及国际市场经济竞争越发激烈，要求我国企业必须不断提升各方面的管理、运营能力，增强自身综合竞争力，以面对当下日益增加的竞争压力。而营运资金周转效率作为企业资金管理中的重要组成部分，需要企业负责人不断提高自身运营风险的控制能力，提升并调整企业营运资金周转效率，以实现企业的可持续发展。由于全球化经济的发展，精细化管理因其对企业发展的积极作用，现今也已被国内的许多学者所关注，且被很多企业管理者运用到工作管理之中。本节从精细化管理在提升营运资金周转效率方面的重要性出发，立足于现今在企业中存在的营运资金周转效率问题，对使用精细化管理提升营运资金周转效率提出了初步的建议。

营运资金即企业流动资产减去企业流动负债后的余额，指的是可供企业进行营业运作、周转的流动资金，可以用于评估企业偿还短期内到期的流动债务的能力，其需求的满足，可以使得企业经济效益和综合竞争力得到进一步的提升。而营运资金周转效率是指企业在一段

时期内的营运资金周转次数，对其高低的把控对于企业盈利能力有着重要影响。如果企业营运资金周转效率过高，则可能暗示着企业营运资金不足，偿还短期内到期的流动负债能力差；但如果企业营运资金周转效率过低，则暗示着企业投入的营运资金未能取得足够的销售收入，即盈利能力较差。因此，相关负责人应对营运资金周转效率引起足够的重视，对其高低进行合理的把控，对于过低或过高的原因进行科学合理的分析，以增强企业综合竞争力。基于上述条件，本节对精细化管理运用于控制营运资金周转效率方面的问题进行了分析，以寻求更为合理、有效的企业管理模式。

## 一、精细化管理用于营运资金周转效率的意义

精细化管理运用于财务管理之中，主要是通过对企业战略目标和财务目标进行分解、细化，最终将每个目标落实到每个环节之中，使得企业的战略能够贯彻于每项经营活动之中。其基本要求在于结合企业的实际情况，对现存的问题环节进行分析，并对其进行改善和完善，以促进整个企业的可持续发展。而精细化管理在营运资金周转效率中的应用，首先，需要管理负责人具有全局性的思维，通过对所有资金的合理利用和对现金流的管理，提升企业营运资金的使用效率，最终形成企业发展的良性循环；其次，通过对所有资金的集中管理，并通过对所有营运资金进行使用计划的制订，以战略目标和财务目标为基础对每一笔营运资金进行具体分配，实现营运资金的合理使用，降低其使用成本，实现其最大效能；最后，由于精细化管理的进行，使得企业管理者及财务负责人能够对每一笔营运资金的使用都进行跟踪和管理，对每一笔营运资金的使用过程都进行有效的监控，保障了营运资金使用方式能与前期预算、企业战略目标、企业财务目标保持一致性。

## 二、目前企业中存在的营运资金周转效率问题

### （一）对营运资金的使用缺乏科学合理的计划

面对我国存在的融资困难问题，大多数企业负责人未能对其应对措施进行考虑，并且在现金管理、存货管理、应收账款管理方面，并没有制定科学的"最佳现金持有量"，使得投资方式盲目、现金管理随意、存货管理不及时、应收账款风险过高等，导致企业在需要营运资金时却无法获得足够的资金支持。按照这样的情况，企业的贷款量将不得不增加，提高了资金的使用成本和企业的经营压力，严重阻碍了企业的可持续发展，其根本原因都是企业或财务负责人在对营运资金进行使用和管理时，未能制订合理的计划。

### （二）对营运资金的使用缺乏有效的监管、管理机制

我国企业面对日益激烈的市场竞争环境，仍然存在着许多运用粗放式资金管理模式的情况，而在这种粗放式的资金管理模式之下，相关负责人都未能建立有效的营运资金监督制度，或已建立监督制度，但其职能却未能被真正地发挥出来。并且大多数企业还存在着营运资金

管理制度缺乏的情况，特别是在面对重大投资时，资金使用决策制度的缺乏，导致企业资金的控制与实际情况脱节，影响了企业对营运资金的控制和变现能力。另外，由于我国企业对资金管理缺乏监督、惩罚制度，资金的汇拢难以及时到位。而且，在生产企业中，由于库存的占款过多，资金的占用越发严重，营运资金的周转效率也因此下降，影响了企业的盈利能力及其信用水平，阻碍着企业的高效发展。

### （三）企业负责人对于精细化管理理念认知不足

精细化管理作为一种先进的管理理念，在西方国家的市场实践中已经取得了良好的成绩，但在我国，大多数企业负责人对其认知程度却严重缺乏，或直接套用先进企业的精细化管理模式，未能与自身营运资金管理现状相结合，导致精细化管理的作用难以实现。

## 三、在营运资金周转效率方面使用精细化管理的建议

### （一）提高对精细化管理的认知程度

企业负责人应不断提高自身对于精细化管理的认知程度，树立更符合现代化发展要求的管理理念，加强对于战略制定及资金使用计划中对营运资金的考虑，建立健全科学合理的资金管理体系，使得企业内外部的所有经济活动都能做到有章可循。避免因投资方式盲目、现金管理随意、存货管理不及时不完整、应收账款风险过高等导致的现金缺乏。对于企业内部的财务人员，企业负责人应对其加大培训力度，提高其对于企业经营运作中各个环节的预算管理能力，保持营运资金链条的持续稳定，保证营运资金的良性循环。

### （二）强化资金周转效率管理意识

企业管理者应将企业所有的经营活动作为一个整体，并对此进行通盘考虑，通过对企业的经营作业进行组合安排、对企业全部资产进行盘活及对企业可控制的资源进行整合等方式来提高企业整体的运营效率及资金的周转效率，从而提高企业盈利。

### （三）建立合理、有效的营运资金监督制度

在精细化管理运用于营运资金管理之中时，企业负责人需要建立更加科学有效的监督制度，对每一项经济活动的处罚机制应该明确、合理，并且通过责任制度的建立，将员工的切身利益，即绩效考核，与制度相结合，提高员工对于营运资金监督的积极性，提升营运资金的周转效率。此外，在监督制度制定后，相关负责人应坚持公平公正、奖惩分明的原则，并且在后期应用执行过程中，及时地对制度中存在的问题进行纠正和完善。但需要注意的是，对于监督制度的调整需要经过决策层的集体决策同意，不可随意地调整。

### （四）加强财务分析，提升风险评估能力

财务负责人在企业战略计划制订完成后，应根据其目标制订出营运资金及各环节的预算

方案，并不断提高自身专业性及对于潜在风险的判断能力，使得自己或企业负责人对企业整体资金链情况及发展情况有一个整体的把控，能够对后期可能出现的风险制订出合理的应对计划，提高企业的生存发展能力。在此过程中，财务负责人可以利用更为现代化的信息手段，对营运资金的状况进行自动、定时的收集，提高资金的集中化、精细化管理，对于营运资金分散闲置的情况进行及时的处理，避免资金使用效率和周转效率的降低。

### （五）完善企业内部的控制、审计能力

企业负责人应加强企业内部的控制能力，使得每位员工能够积极参与营运资金的管理，并且还应在企业内部建立针对营运资金的专门的审计组织，对营运资金的流向进行定位和跟踪，与财务人员共同对存在的问题进行分析和解决，以优化营运资金的配置，做好资金的安排，避免出现营运资金链断裂的情况，并保证营运资金周转效率在合理范围内，保证营运相关信息的合理、可靠。

### （六）加强企业供应链管理能力

供应链是指围绕核心企业，从采购原材料开始，到制成中间产品和最终产品，最终由销售网络把产品送达消费者手中的一个由供应商、制造商、分销商、最终消费者所连接的整体功能网链结构。供应链管理是指通过企业间的协作，谋求供应链整体最优化。成功的供应链管理能够协调并整合供应链的所有活动，最终成为无缝连接的一体化过程。而供应链管理在营运资金管理中的应用，可以缩短资金周转时间，提高企业资金周转效率，以增加企业盈利，并且提高企业预测能力和协调能力。

企业营运资金作为企业资金管理中的重要环节，其核心在于资金周转效率的管理，对企业的目标利润的实现及可持续发展有着重大的影响。而精细化管理作为先进的管理理念，可以通过对企业经营和运作活动的细化，实现资源占用程度及其管理成本的最大化降低。面对日益激烈的市场竞争环境，企业相关负责人应不断提升企业营运资金的管理能力，结合先进的管理理念，适应现代化进程的发展，以提升企业自身的综合竞争力，使有限的营运资金发挥出最大的效用，也能为企业创造出最大化的经济效益。

# 第三节　现金管理

自改革开放以来，我国的企业形式愈加多样化。在以往的计划经济体制下，企业的管理模式已经出现了各种各样的问题，愈加不适应现代企业发展和现金管理的需求。现金管理观念的落后、管理形式的滞后，使得我国企业的现金管理面临着十分严峻的问题。为了在严峻的企业竞争中赢得发展，企业必须重视现金管理工作的革新，找出企业发展存在的现金管理问题，并制定相应的改革措施。

## 一、企业现金管理的主要内容

企业的现金管理是保障企业正常运行的重要因素，同时也是保障企业运营血脉的纽带。现金在现代企业的管理中是流动性最大的一种货币融资模式，也是最便捷、最快速实现企业资金管理的手段。现金在现代企业的资产管理中处于十分重要的地位，如果企业要保持正常运行，就必须重视企业现金管理的作用。企业拥有一定的现金，对于企业的日常管理、发放员工工资、缴纳各种税费、企业运营的杂费管理等，都是十分便捷的。

企业的现金管理的存量是影响企业长远发展的重要因素之一。强劲的现金流量可以扩大企业的资产规模，增强投资商的信任度，加大投资商对公司投资的概率。现金流量的多少是投资者判断企业活力和经营管理能力的重要参考依据，同时也是衡量企业偿债能力的重要标志之一。企业可以根据其现金管理的目标，计算出一年内的现金流量，找出相对应的区间；可以进行同期或者上一年的现金流量的对比，找出更加合理的企业现金管理模式。企业现金周转率的高低也是影响企业现金管理的一个因素。提高现金的周转率必须从降低现金平均持有量和增加入库现金的销售收入两个方面着手，这两方面缺一不可。对于企业的财务管理人员岗位职责而言，合理地使用现金，提高现金的周转率，是一个企业现金管理的重要内容，也是企业存亡的关键因素。企业资金储备率充足，对于企业的融资和债务偿还都十分有利。

## 二、企业现金管理存在的问题及原因分析

### （一）企业现金管理意识不强

在我国目前的情形之下，企业对于现金管理的经验不足，没有意识到现金在企业日常管理中的重要作用，缺乏现金管理的意识。传统的中国企业都比较重视企业的业务工作，对于企业的现金、财产的管理并不重视。由于轻视财务工作，很多企业甚至没有专门的财务管理部门，财务管理混乱，缺乏现代的管理体系；同时，现金管理制度形同虚设，决策权大部分掌握在领导手中，透明的现金管理情况在企业中并不常见。除了领导管理意识的随意性，很多职工对于公司正确管理现金的意识并不是十分强烈。缺乏足够的管理意识和现金流量意识，针对员工公差报销的差旅费等现金的报销额度问题更加明显。对于公司 1000 元以上的报销数额本应当使用支票的规定情形，在现实企业工作中却经常被遗忘和滥用。

更有甚者，企业员工营私舞弊，会计人员利用职务之便与外部人员相互串通，进而骗取企业的现金，虚开或者伪造企业的支票，以套取现金为目的进行合作，使得企业的现金流遭受更大的危机。

### （二）企业现金管理缺少监督机制

目前，企业的现金管理出现了很多问题。例如，现金白条现象严重、虚假支票现象严重、填错记账凭证现象严重、挪用现金现象严重等。合理、有效的企业现金监管体系可以保障企

业的现金流量正常运营，防范可能出现的现金流断裂的情况，将事情防患于未然。但是，我国大多数的企业没有完备的企业管理模式，缺乏监督监管机制，更多的是靠企业管理者内部的监管或者使监管制度形同虚设，人力的监督已经不能够满足企业日益增长的财务管理危机。大多数的企业在面临现金危机的时候，部门之间会出现相互推诿的现象，甚至造成了严重的后果。企业的现金政策过于宽松，导致企业的现金管理部门没有真正地从企业的整体利益出发进行考虑，给企业的现金监管带来很多问题。由于企业内部的财务人员综合素质参差不齐，很多财务人员对于如何合理地适用企业的现金管理制度并不明确，对于自己的岗位职责并不清晰，由此导致了一系列的企业内部和外部问题，忽略了企业真正的利益，甚至给企业带来生产经营的危机。

企业内部现金监管的不到位，将直接导致企业面临严重的现金流量危机，使得企业在日益激烈的竞争中愈加处于不利的地位。

### （三）企业现金预算制度不健全

通常企业遇到现金危机，大多数是因为管理层的决策失误、内部的监管不到位，企业现金预算制度的不健全也是影响企业管理的重要因素之一。企业的现金预算在现代企业的管理中十分必要。凡事预则立，不预则废。拥有良好的企业预算制度，对于企业合理地进行生产经营活动以及更好地掌控企业的发展都具有重要的作用。现金预算不仅仅是针对财务管理部门而言，同时也需要公司的其他相关部门进行配合。预算是部署整个公司生产经营活动的重要战略活动，包括企业的生产、销售、投资、运营、管理等多部门联动的情形。制定全面客观的企业预算，可以帮助企业及时核对利润；在年终总结的时候，可以及时调整企业的生产经营预算制度；可以帮助企业更好地进行管理，进而推动企业良好、健康地发展。

但是，就目前情况而言，受传统的计划经济体制的影响，企业对预算管理的投入并不多。在部门的设置上，大部分企业的财务部门只进行基础的财务核算和收纳制度，没有将现金预算纳入企业的财务管理中。进入 21 世纪以来，越来越多的企业为了适应社会主义市场经济的需要，开始注重企业的现金流量的管理。对于上市企业而言，现金流量决定了股民的信任度以及公司在面临危机时的债务偿还能力，具有十分重要的意义；对于中小型企业而言，企业的现金流量可以更好地管理本就资金不充足的中小型公司，除了可以控制企业的生产经营成本，还能在以往的预算中找到公司损益的关键问题以及可以改进的措施，对于促进公司的发展有百利而无一害。完善现代企业管理制度，除了制定合理的薪酬制度、管理培训制度，在企业的内部管理上，也要重视对于财务的管理。企业必须设立专门的现金预算管理部门，及时对企业可能出现的现金预算问题进行沟通，从而保证公司的现金量。

### 三、应对企业现金管理问题的主要对策

**（一）增强企业的现金管理意识**

企业的现金管理制度是确保企业的资金正常运行的重要方面，现金量影响着企业的运转。现金管理意识影响着企业现金管理制度的发展，然而现金管理意识在员工或者管理层中并不盛行，甚至一直被忽视。在企业的现金管理制度的投入中，公司的投入过少以及对员工的宣传、培训不到位，导致员工的现金管理意识薄弱。企业现金管理的低水平和低效率一直影响着企业正常的生产经营。企业的盈利模式不仅仅是从销售环节赚取利润，也应在内部的监管中节省成本，从而使得企业更快更好地发展。企业的现金对于投资者而言也是一项重要的参考，股东的投资大多数是以现金的方式进入企业，合理地进行投资资金的管理有利于吸引更多的投资者。企业的资产在现金的流动中不断地转化，从而获得更高的收益或者为企业的管理做出贡献。在提高企业的现金管理意识方面，企业可以定期对员工进行现金管理的培训，让他们了解企业现金量的重要性。企业现金管理意识需要在明确企业的现金管理要求的基础上逐步增强。

**（二）建立现金管理监督制约机制**

企业的现金管理制度需要企业内部的监督管理，企业需要改变以前的现金管理方式，从低层次逐渐向高层次发展。不断地完善企业的财务管理方式和现金监管制度，是企业发展壮大的基石。低层次的企业现金管理方式需要不断地进行优化发展，从而确保现金的正常运行，加强企业对日常经营的管控。

企业可以从以下两个方面进行优化：① 企业应当不断地对管理者的决策水平进行防控，进一步提高管理者的决策能力和风险防控能力，尽量减少可能遇到的主观上的财务管理决定，从源头上杜绝现金影响公司运营的可能性；② 财务人员需要正确认识企业财务管理的必要性，同时要提高自己的业务水平。专业的财务管理人员必须在进行财务管理的同时及时进行汇总比较，从而得出丰富的财务管理经验，及时地做出合理的决策并进行调整。

**（三）制定科学的现金预算目标**

科学的现金预算可以帮助企业提前制定公司的发展规划和发展目标，避免工作的无科学性和盲目性。科学的预算管理体制是衡量企业是否具有良好的财务管理体制的重要参考因素。在现金预算中，正确地估算公司的价值和公司的发展路径，对于影响企业的经济效应和预算目标的合理性具有十分重要的作用。企业在进行现金预算调整的时候，要根据每一季度的反馈及时进行修正。根据企业的实际情况进行预算目标的更改，也是企业实行现金预算的重要组成部分。企业可以采用滚动预算的方式设定现金管理的预算目标，通过寻找专业的企业管理咨询公司进行合理的管理体制建设。企业可以寻找专业的会计管理公司制定合乎企业发展

的会计管理制度，重点发展预算制度。我国正处于社会主义市场经济化的关键时期，各企业必须加快其预算管理制度的建设，防范可能出现的风险，不断地适应市场的变化。

改革开放以后，我国的企业形式发生了变化，以往单一、传统的企业现金管理模式已经不再适应现代企业现金管理的要求。发现企业现金管理的意义，找出现今企业现金管理出现的问题以及背后的原因，同时给出相应的建议，是现代企业必须面临或者应该解决的核心问题。只有这样，才能不断地规范企业的现金管理模式，为我国企业的蓬勃发展助力。

# 第四节　应收账款管理

在市场销售中，消费者可以使用现金支付货款，也可以使用信用支付货款。使用信用支付对于销售商来说就形成了所谓的应收账款。信用支付一方面可以增大企业在市场中的竞争力；另一方面还可以增大产品在市场中的占有和销售份额，以增加企业的利润额，所以企业在市场销售时通常会采取应收账款这种信用手段和营销策略。然而，虽然应收账款属于企业资产的范畴，应收账款的增加表面上看是企业的资产增加了，但是当企业的应收账款达到一定数目，一方面会影响企业资金的周转灵活性，另一方面还会影响公司的利润，所以应收账款管理成为很多企业面临的重要问题之一。

## 一、应收账款的含义及形成原因

### （一）应收账款的含义

应收账款是指企业在生产销售过程中，发生商品销售和提供劳务等服务时，顾客没有采用现金支付而是采用信用支付，因此产生的应收款项。它会因增加销售量而增加利润，但是如果账款不能及时、完整地收回，则不但不能增加企业的利润，反而会降低企业的利润。

### （二）应收账款的形成原因

1. 市场竞争

在应收账款的影响因素中，市场竞争占有主导地位。在现如今这个经济快速发展的时代，竞争无所不在，在同样的质量条件下，购买者会比较价格；在同样的价格条件下，购买者会比较质量。对于同一种类型的商品，市场上会有许多不同的质量、价格和服务。然而很明显，企业如果想依靠产品的质量和价格在市场中站稳脚跟是很不容易的，因此越来越多的企业采用赊销手段。这样可以招揽更多客户，扩大销售量，增加销售额。然而，由赊销产生的应收账款的管理成本也是不可忽视的，这些成本在一定程度上会影响企业的经济效益。

2. 很多企业在管理应收账款时没有明确的规章制度，或者相关的规章制度只是摆设

企业的业务部分与财务部门没能及时地核对账款，导致销售脱离了清算，隐患不能及时

地表露出来。在应收账款数目较高的企业，当应收账款不能及时收回时，就会发生长期挂账的现象，影响企业的财务状况。

## 二、应收账款的管理方法

### （一）选取资信状况较好的销售客户

影响应收账款回收的主要因素之一是客户的资金和信用状况。如果客户的财务状况比较好，而且一直遵守信用，那么应收账款收回的工作就变得简单得多；相反，如果客户的财务状况不好，并且信用程度也不高，那么应收账款的收回就会遇到很多麻烦。由此可见，在条件允许的情况下，企业应该注意对销售客户资信状况的考察和分析。

### （二）制定合理的信用政策

为保障良好的经济效益，企业应当对客户的基本情况进行了解，根据客户的经营情况、负债情况、偿还能力和信用质量来制定合理的信用政策。因此，企业要根据信用的五大标准：品行、能力、资产、抵押、条件来综合评价客户的信用状况，建立合理的信用政策。

### （三）加强应收账款的管理

产生的应收账款长期不能够收回就成了坏账，会影响企业的实际利润。因此，当应收账款产生时，企业要加强对应收账款的控制，尽量把应收账款产生的成本控制在企业可接受范围内。收账政策是企业在应对如何及时收回应收账款时所制定的相关政策。企业可以采用现金折扣等催收方式。对于长期无法收回的应收账款，企业可以将应收账款改为与应收账款相比具有追索权的应收票据，这样可以在一定程度上减少坏账的损失。必要时，企业也可采取法律手段保护自己的合法利益。

## 三、应收账款的日常管理中存在的问题及成因分析

### （一）信用标准不合理

很多企业为了在短时间内增加销售额，在还没有对购买方的信用状况进行调查和了解，还不清楚货款是否能够及时收回的情况下，就向购买方销售了货物；同时，在采用赊销时，企业没有将自身的资金周转速度和财务状况作为制定现金折扣、信用期限等信用政策的一个重要参考，而是迁就购买方的情况和要求制定优惠政策。

当购买方没有在预定的信用期限内偿还所欠货款时，企业会打电话或采用电邮向客户催收欠款，但这样一般都没什么效果，企业仍然无法收回欠款。然后，企业会派人去催收欠款，但多数人员在催收过程中稍遇困难就容易放弃，时间长了就导致有很多应收账款一直挂在账上，一方面对企业资金的调配有所干扰；另一方面随着时间的流逝，应收账款可能就成了坏账。

### （二）企业内部控制存在问题

在现如今的企业中，内部控制制度不完善是很常见的问题。内部控制不完善对应收账款

的管理很不利。在产生应收账款后，企业要及时催收账款，出现应收账款不能及时收回时要通知财务部门。财务人员要做好相关财务处理，将其计入坏账损失来冲减当年利润，尽量降低对企业财务状况的影响。但是，由于内部控制制度不够完善，再加上财务人员实践能力不足，应收账款的收回能力很有限。随着时间推移，发生坏账的可能性也在随着应收账款数量的增加而越来越大，使得企业的经济效益受到很大的影响。

大多数企业员工的工资绩效往往与销售量成正比，却没有与应收账款的收回程度挂钩。在这种情况下，销售人员会为了业绩使用先发货后收款的方式，反而不太关心应收账款的收回情况。对于销售发生的应收账款，如果没有专门的人员去催收和管理，就会越拖越久，严重影响企业的财务状况。

### （三）责任划分不明确

企业的每个员工都有自己的工作，没有人会主动去管理应收账款，往往要等到应收账款数目较大的时候，企业才会派人去管理，但是这样又会造成前清后欠的状况。虽然应收账款是销售人员的工作产生的，即使公司规定销售部门承担收款责任，但是由于销售人员的能力是销售而不是收款，所以收款工作的进行也不会很顺利。

### （四）企业防范风险意识薄弱

企业采用先发货后付款的模式，可能会减少企业的经济效益。一方面，企业缺少对购买方信用的考察和了解，并不能保证购买方会按约定的时间及时付款，也没有对购买方的资产状况进行准确的评估，购买方是否有能力付款或者及时地付款都是个未知数；另一方面，企业没有对自身的财务状态进行评估，没有去权衡如果应收账款不能及时收回，那么企业有没有能力去承担这个风险。

## 四、完善企业应收账款管理的建议

### （一）加强技术创新，提高产品质量

一个企业要想在竞争中脱颖而出并且从此站稳脚跟，就需要不断地改革创新，提高产品质量，顺应时代潮流。这就要求企业对市场进行深入的调查，全面了解现在客户需要的是什么，热衷于什么；同时优化内部体系，加大对技术创新的投入，激发创新思维，提高产品质量，生产顺应时代潮流的产品，提高企业的核心竞争力，这是企业能脱颖而出的关键。当然，企业也要与时俱进，了解国内、国外同产业产品的质量；要以优质为标准，与时俱进，坚决做到在质量上不输于其他任何企业，并做好相关售后服务工作。售后服务给客户在使用产品的过程中带来了极大的方便，也间接地对产品的质量做了一些保障。

### （二）制定合理的信用政策

无论是单笔的赊销还是多笔的赊销，企业在其发生之前就要对公司的财务状态进行评估，

要明确企业能够承担多大的由应收账款带来的风险，而不是一味迁就购买方而制定不利于己的信用政策。[①]

### 1. 成立资信管理部门

由于企业各部门从来都是各司其职，所以企业应当成立一个资信调查管理部门，专门对购买方的信用情况进行了解。其部门的工作人员要独立于销售部门之外，这样可以有力地避免销售人员为了销售量的扩大对购买方进行信用标准的迁就。这个部门的工作人员一方面要进行购买方信用的摸排，查清购买方的信用情况，确保购买方能够及时付款。另一方面也要时刻关注购买方资产财务状况，确保在约定时间内购买方有能力付款。如果发现购买方信用或者财务出现状况，则企业要在第一时间通知销售人员，中断向其供货，然后要求销售人员尽快去收回购买方的前欠货款，防止应收账款的累积。

### 2. 加强对购买方资信的管理

购买方的资信是应收账款及时收回的保证，所以企业设立的资信管理部门要对购买方的信用五大标准进行全面的了解。这五大标准分别是品质、能力、资本、抵押、条件。品质是指购买方的信誉程度，也就是购买方向企业支付应收账款的可能性。能力是购买方所具有的偿还应收账款的能力。资本是一种背景，是指购买方的财务状况和购买方能否偿还应收账款。抵押是指购买方用于支付企业应收账款所用的抵押物或者无法支付企业应收账款时用来抵押的资产。条件是一种会影响购买方支付企业应收账款能力的经济环境。

## （三）完善公司内部控制制度

### 1. 加强购销合同管理

企业在进行销售商品时要有专门人员与购买方依法签订合同，企业的专门人员要有企业的授权。合同上要有准确的交易明细。例如，如果不是以现金支付，要在合同上约定好付款日期；如果不能及时付清，注明责任的承担，并注明超过一定期限后要走的法律程序。

### 2. 明确业务考核情况

对于销售人员的考核不能只看重销售额，而是要结合其销售额与收款额，并且要求谁销售产生的应收账款谁负责催收。销售人员要定期与财务人员核对应收账款收回情况，制订合理的催收欠款计划。当发现应收账款很难收回时，销售人员要及时告知财务部门；财务部门要及时做坏账损失，尽量降低企业经济效益的损失。

## （四）加强应收账款信息化管理手段，完善坏账准备制度

应收账款管理系统的主要任务是管理客户购销情况、开出的发票和收账过程等。现代很多企业经营范围繁多，销售情况不仅有零售还有批发。完善的应收账款管理系统可以给业务量大的企业提供很大的方便和保障，所以企业应当根据自身情况购买或者开发一套与本公司

① 柳卸林. 技术创新经济学 [M].2 版. 北京：清华大学出版社，2014.

应收账款管理情况相符的系统。在购买或者开发系统前，企业要事先与应收账款管理人员进行沟通，充分、全面地了解企业应收账款的管理情况，制定出符合企业应收账款管理状况的系统。这样不仅可以减少企业在应收账款的管理上付出的成本，也会在很大程度上降低企业坏账。

### （五）合理采用法律手段保护企业权益

大多数的企业为了维持与客户的关系，催收款的力度并不大，所以导致很多客户会一拖再拖。当发现应收账款不容易收回时，企业可以适当采用强制手段，例如法律手段。在最佳诉讼期内，企业应尽快使用法律手段来保护自己的合法权益，降低企业在应收账款不能及时收回的情况下对企业财务状况造成的负面影响。

# 第五节　存货管理

存货管理对企业来说是非常重要的，有效的存货管理能够提高资金周转率、存货利用率，进而提高企业的经营效率和效力，增加企业的经济利益。本节对企业存货的现存问题进行原因分析，进而提出解决建议与对策，有利于企业更好地进行存货管理，最终实现提高企业经济利益的目标。

## 一、存货管理存在的问题

### （一）存货核算计量缺乏准确性

存货在企业的流动资产中占据很大的比重，贯穿于企业的供、产、销三个阶段。存货计量的准确性与真实性对企业的财务报表与经营成果有很大的影响，准确、真实地对存货进行计量是至关重要的。但企业的存货管理往往存在着核算计量不准确、缺乏真实性的问题，导致企业不能对公司的各项指标进行行之有效的分析，以及信息使用者不能进行行之有效的投资决策。

### （二）存货日常资金占用量过大

有些企业为了避免因缺货而不能满足顾客的需求量，或者因错失了交货时间而造成的损失，或者由市场和利率变动所带来的风险，往往忽视了存货的资金占用情况和成本。企业为了保证生产不会因缺货而中断，会对相关货物进行大量储备，使得日常资金被大量占用，往往导致存货的管理和存货占用资金量被企业忽视，逐渐造成了企业存货占用资金量过大的局面。

### （三）存货采购计划不合理

在货物采购过程中，最薄弱的一个环节就是采购计划，它是非常关键的环节之一。有些企业在存货采购方面缺乏缜密、合理的采购计划，管理者往往凭借感觉或者根据经验来判断是否需要进行存货采购、确定存货采购量和采购时间，而不是根据实际需要进行申报采购，没有考虑是否适应市场环境的变化，使得主观因素大于客观存在因素，从而影响了采购存货的科学性。

### （四）存货管理制度不健全

#### 1.存货收、发、存制度不健全

企业虽然已经建立了一定的存货管理制度，但是在实际生产经营过程中，这些规章制度很难被遵守或执行。例如，企业建立的存货验收制度、发出制度和储存保管制度都规定了如何对存货进行管理，但是真正执行起来却出了问题。例如，有些企业在验收入库环节，由于没有及时对采购回来的原材料等物资进行验收，导致影响了企业的生产。在存货发出阶段，企业对发出存货的计价方法选择不合理，没有遵循一贯性的原则。在仓库储存保管环节，由于仓库管理人员往往是根据数量进行看管，只是防止货物被盗或丢失，而对货物在质量方面是否有问题很难去察觉。等到货物出现质量问题时，他们才向相关部门进行汇报，此时已经给公司造成了损失。

#### 2.存货内部控制制度不健全

企业的内部控制过于薄弱，岗位责任不明确，监督检查不到位，并且存货管理职位没有切实分离出来。存货的采购、验收入库等工作往往是由同一个人完成的，采购价格是由这个人与供应商直接协商，没有建立价格联审委员会，没有其他人的监管与制衡，缺少权限之间的制约，使得一些人员通过该缺口徇私舞弊，为了获取更多的个人利益，而直接损害公司的利益。

## 二、存货管理存在问题的原因分析

### （一）信息技术水平落后

有些企业的存货管理模式比较传统和落后，信息技术水平相对落后，没有实现信息化的系统管理，也未完全实现电算化管理。传统的存货管理模式大大降低了企业对存货进行管理的效率，同时也增加了企业的管理成本。企业大多数采用手工记录的方式，未能严格地按照会计核算制度进行核算，使得大量的信息不能及时、准确地被使用，企业存货的情况不能被真实地反映，企业生产管理方式的要求不能被满足，企业所使用的计价方法不统一；同时由于存在大量人为因素，严重影响了企业的工作效率，降低了核算的准确性、及时性和真实性，进而影响了企业的生产经营效益。

### （二）存货积压过多带来的负面影响

企业为了避免由于存货储备不足而造成生产经营不能正常进行、延误交货时间的情况发生，就会进行大量采购，加大企业存货储备量，从而导致存货积压。目前，仍然有许多企业仅把存货作为公司的资产，对存货变现能力的认识还比较肤浅。如果企业持有存货量过多，则存货在储存过程中发生的仓储费、搬运费、保险费、占用资金支付的利息费等储存成本就会上升，使得企业要付出更多的成本。如果此时公司的资金被存货大量占用，则公司的财务风险就可能被加大。这些最终都会增加企业存货管理成本和存货占用的资金量，同时降低了资金周转率和经济效益。

### （三）对存货管理重视程度不够

有些企业的管理者认为存货管理仅仅是对存货进行保管，并不能给公司创造价值，因此不会给予其太多的重视。他们往往特别关注企业的生产、销售等环节，把它们看作重中之重，而很难认识到存货管理的重要性，导致企业在存货管理方面的人力、物力等资源分配不合理，存货管理内部控制与监督机制的效力大大减弱，进而增加了存货管理的混乱性，以及相关人员在存货管理过程中进行徇私舞弊的可能性，最终给公司造成损失。

### （四）缺乏信息资源的共享与沟通

企业各个部门之间都是相互关联的，就像是一张密不可分的网，包含的信息应该被共同分享。但是，有些企业通过人工传递这些由收集和交换得来的信息，使得这些信息不能够及时、准确地被共享。由于企业各部门之间缺乏沟通，每个部门对存货的数量要求是不一样的，而且这些部门为了实现各自利益最大化的目标，彼此之间就会产生一些冲突，造成企业不能准确、合理地对存货量进行调整，同时也加大了存货管理的成本。

## 三、针对存货管理问题提出的相关建议

### （一）确保存货核算计量的准确性

对存货准确地进行核算与计量，是企业做好存货管理的重要环节。为了提高存货核算计量的准确性和存货管理的效率，一方面，企业要严格按照《企业会计准则》的要求对存货进行核算与计量；另一方面，企业需要不断地提高信息技术水平，建立健全信息系统，同时运用先进的电子科技和网络技术来提高信息传递的效率，提高电算化的利用程度，建立更加完善的电算化存货管理系统，逐步减少传统的手工操作。

### （二）降低存货积压占用的资金量

如果存货积压过多，就会造成企业大量的资金被占用，资金周转率严重下降。通过对存货进行合理规划，能够防止存货积压过多情况的出现。企业应当对市场进行充分调研，对消

费者的需求和消费心理进行充分了解，从而准确判断消费趋势。企业可以聘请专业机构、专业人士对其进行分析，对市场需求量做出准确判断。企业也可以采用经济订货批量法进行采购，确定最佳订货量，使得存货库存量和存货相关总成本最小。同时，企业还需要及时对库存进行盘点，准确地了解存货库存情况，为制订合理的存货采购计划提供依据，进而降低存货积压发生的可能性。

### （三）制订合理的采购计划

合理的采购计划会使企业的生产经营活动正常进行，减少存货积压或短缺的可能性。制订科学的采购计划，一方面需要严格遵守执行企业制定的存货采购授权批准制度，按照规章制度办事，从而加强存货采购过程的合法性，进而能够有效控制存货的采购数量；另一方面需要加强企业各部门间信息资源的共享与沟通，采购部门要和其他部门保持紧密的联系。企业的各个部门是相互关联的，可以通过现代的信息技术共享存货信息，以便及时、准确地使用企业的信息，从而使得效率得到提高。

### （四）制定合理的存货管理制度

#### 1. 完善存货、收、发存制度

企业要建立更加完善的存货、收、发存制度。首先，企业要完善存货的验收制度，在存货进行验收时，要及时对原材料等物资进行验收，并建立详细、准确的账簿。其次，企业对于存货发出的制度也要进行完善。一定要选择合理的发出存货计价方法，如果没有特殊情况，则发出存货的计价方法一经确定，就不允许随意更改，要遵循一贯性的原则。在存货发出时，企业要严格按照正确的领用程序进行审批，准确填写领用单据，还要妥善保管单据，以便后期进行核查。最后，企业要对存货的保管制度进行完善。仓库保管人员不能仅仅对存货的数量做检查记录，还要对存货的质量、规格等项目做核查、记录，以防存货不能达到企业的需求；仓库保管人员还需要定期检查存货，以防存货变质、毁损、报废等情况的发生。

#### 2. 调整内部控制制度

内部控制做得好是存货管理的重要保障。首先，企业管理层要加大对存货管理的重视程度，充分了解其在企业生产经营过程中的重要性，加强存货管理内部控制制度建设。其次，企业要制定不相容职务相分离的原则，确保各个岗位之间能够做到相互分离与相互制约。再次，企业要加大授权批准的力度，对授权批准相关的程序、手续、方法和措施进行明确阐述，不能超越权限范围办理授权批准。对于越权的审批，要及时向上级汇报，未经授权批准的人员不得进行存货业务的办理。最后，企业还需要进行定期的检查和时刻的监督。企业要设立专门的检查监督小组，对存货管理的整个流程进行严密的检查与监督，使内部控制行之有效。

## 第六节　短期融资融券的财务风险

融资融券作为证券信用交易中十分重要的一种业务形式，也成为国外证券市场较为普遍的一种交易制度，对于发挥证券市场的职能起着十分重要的作用。鉴于融资融券，尤其是短期融资融券拥有的杠杆效应和双面效应以及做空机制，对于如何认识、预防和控制风险都是十分重要的课题。本节重点分析短期融资融券本身拥有的财务风险以及规避这些风险的措施。

### 一、短期融资融券的财务风险

#### （一）杠杆交易风险

融资融券是一种杠杆式的投资工具，也是一把锋利的"双刃剑"。对于企业而言，企业在把股票当作担保品开展融资的过程中，不仅要承担本身拥有的股票价格的不断变化给企业带来的风险，而且还需要承担企业有可能给其他投资股票带来的风险，还需要支付一笔巨额利息。此外，融资融券交易是十分复杂而又烦琐的系统工程，其复杂度非常高，有可能导致企业因投资失误或者是操作不当而面临巨额亏损。对于企业而言，一旦面临股价深跌的风险，投资者投入的巨额本金就可能在一夜间化为乌有。

#### （二）强制平仓风险

我国《证券公司融资融券业务管理办法》第二十五条明确规定，证券公司应当逐日计算客户交存的担保物价值与其所欠债务的比例。也就是说，如果企业的信用账户的这一比例明显低于130%，就意味着证券公司将有可能会通知企业补足差额。但是，如果此时企业并未按照要求进行补交，则证券公司是可以按照合同约定对其上交的担保物进行处理的，也就是通常所说的强制平仓。很多时候，融资融券交易和期货交易模式是一样的，都需要企业在交易的过程中监控其上交的担保物的占比情况，保证其能够满足基本的维持保证金占比。由于融资融券具有保证金可以持续支付这一特点，投资企业在融资买进阶段购买的股票需要在股票下跌过程中面临极为严峻的"逼仓"现象。因此，融资融券交易会促使投资企业实施的行为变得短期化，而且市场博弈十分激烈，很难对投资企业进行管理。如果投资企业并未按照规定上交或者是补足担保物，又或者是在到期末还有很多没有偿还的债务的情况下，将有可能被证券公司要求强制平仓，但是平仓获得的资金却需要优先用于偿还客户欠下的债务，剩下的资金才能够真正进入客户的信用资金账户。这对于企业而言，就很难保证资金链的顺利流通，一旦资金链断裂，对企业将会造成致命的打击。

### （三）流动性风险

融资融券这种交易方式大部分是短中线操作的，虽然这种交易方式能够有效促进证券的流动性，但是随着其流动性的不断提升，也会给企业带来极高的交易成本，而且交易成本最终还会分摊到投资者身上。由于投资者还需要在完成交易之后上交融资利率，这对于投资者而言无疑增加了交易成本，再加上融资融券主要是针对个股，个股经常出现涨跌停或者是停牌的现象，面对这种情形，卖券还款或者是融资购券都会面临阻碍，将有可能给企业带来更大的流动性风险，这种现象对于企业和投资者都是十分不利的。

### （四）交易成本偏高风险

融资融券业务主要的交易成本构成是证券交易的佣金以及证券交易所收取的印花税和相关费用等交易成本，此外还有融资利息和融券费用。从当前情况来看，首批试点的券商融资融券利率和费率分别是 7.86% 和 9.86%，这个标准和国际标准是一样的，但是单笔融资债务的期限最高是 6 个月。除此之外，投资者需要额外支付违约金和信用额度管理费等费用。只有当投资者获取的投资收益高出费率和利率才能真正实现获利，这种财务风险是非常高的。

### （五）内幕交易风险

融资融券极有可能面临严重的内幕交易风险。如果获得利好或者是利空的消息时，鉴于融资融券拥有的做空机制和杠杆性原理，则内幕交易人员大部分都会马上进行融资或者是融券，以期实现超额收益，加剧了整个证券市场的波动性。这种波动性带来的不良影响是极大的，同时将给其他投资者带来极大的损失。

## 二、规避短期融资融券的财务风险的措施

### （一）加强专业知识的学习

投资者或者投资企业都应该加强相关专业的知识学习，以便掌握更多交易规则和有关信息。投资者在实施融资融券交易之前，需要充分熟悉与融资融券有关的业务规则，尤其是应该关注和了解证券公司近期公布的与融资融券交易有关的信息。例如，担保品证券和折算率等。

### （二）不断提升交易和投资能力

投资者一定要具有十分理性的认识，尤其是要控制好自身的投资风险，特别是在个股趋势和市场发展都极其不明朗的情况下，切不可去盲目投资，以免造成难以弥补的损失。普通的投资者则需要在交易的过程中严格遵守国家法律法规，应做到尽力而为、量力而行，不要把所有家当都一次性投入。在选择股票的过程中，普通的投资者还应该选择那些流动性好以及基本面宽的蓝筹股当作融资融券的标的。此外，投资者应该充分利用融资融券拥有的风险对冲以及相关的防范功能，做到稳定投资，稳定收益。

（三）合理利用杠杆比例

根据交易规则，融资融券交易利用财务杠杆放大了证券投资的盈亏比例。放大的比例与保证金比例和折算率有关系，即保证金比例越低，折算率越高，融资融券交易的财务杠杆也越高。客户在获得高收益的同时，可能要承担的损失也越大。因此，投资者在进行融资融券交易前，应充分评估自身的风险承受能力，时刻关注担保比例指标，防范强制平仓风险。

投资者参与融资融券业务，可通过向证券公司提供一定比例的保证金，借入资金买入或借入证券卖出，扩大交易筹码，具有一定的财务杠杆效应。追加担保物与强制平仓风险是融资融券交易区别于现有证券交易的最大风险，投资者在参与融资融券交易时应予以重点关注。

# 第六章 企业管理的改革创新应用

## 第一节 人本管理理念在企业管理中的应用

人本管理是现代企业经营发展中一个重要的新型管理理念，它的重点是明确"以人为本"的核心理念。本节重点分析现代企业应该如何在企业的经营过程中具体落实人本管理理念等方面的内容。

### 一、人本管理理念在现代企业中应用现状的分析

所谓人本管理，主要是指以企业全体员工的发展特点和需求为基础来进行科学、合理的人力资源管理的总称。它以能够充分调动企业员工的工作积极性为最终目标来进行相关的人力资源管理活动，明确了人在企业各项经营管理活动中的主体地位，以此来充分发挥人的主观能动性，使其能够更好地服务于企业的生产经营活动。具体来说，落实人本管理理念，最重要的就是加强企业内部人力资源的优化配置，以此来构建更加完善的企业组织结构体系。当前，人本管理理念在现代企业中的应用还是存在不少问题的。一是企业的管理理念比较滞后，尤其是缺乏对人的重视，即企业在经营管理过程中缺少对人力资源与岗位责任相结合的内容的重视，忽视了人在企业经营活动中的主体意识。企业员工不能够以更积极、更主动的态度投入到工作中去。二是人本管理理念落实不到位的一个重要表现就是企业缺乏有针对性的员工培训，不能够将员工整体素质能力的提升与企业经营发展能力的提升结合起来。不少企业从短期的经营目标出发，只是一味地重视对人力的"压缩式"使用，而缺乏从长远的人才培养的角度来进行人力资源管理，缺乏长期的人才发展规划和人员培训活动，进而使得人本管理理念的应用缺乏足够的人力资源管理环境。三是企业在经营管理过程中缺少对员工个人需求的重视和关注，企业内部没有建立员工沟通交流的渠道，同时也缺乏对员工的思想引导，使得不少员工对企业缺乏归属感，直接影响员工的工作积极性的发挥。

### 二、加强现代企业人本管理理念应用的对策

（一）加强企业员工培训机制的完善

落实现代企业的人本管理理念，首先应该从完善企业的人力资源管理体系着手，加强企

业员工培训是非常关键的一环。现代企业必须建立起与人员规模相一致的员工培训管理机制，加强对企业各个岗位员工的培训活动，以此来提升员工的专业能力和素养，使员工的工作能力能够更好地适应企业不断发展的经营活动的需求，并以此来实现有效提升企业经营管理效率的目标。

### （二）转变现代企业的人力资源管理理念

企业要加强其人力资源管理理念的转变，从思想上改变过去那种陈旧的、完全以追逐经济利润为目标的管理理念，应将以人为本的管理思想融入企业的各个部门中去，让企业从上到下树立尊重人才、尊重知识的良好的工作氛围。与此同时，企业还应该加强对员工创新精神的重视，积极鼓励员工在工作上进行创新，这样有利于企业形成一种更加健全、更加完善的人力资源管理体系，并且有助于将相关的知识能力和创新思维运用到企业的生产经营活动中去。

### （三）加强科学的企业人力资源管理方法的运用

企业要在经营过程中落实人本管理理念，还应该重视对企业员工的管理方法和管理手段的科学运用。企业在人力资源管理过程中应更加注重维护员工个人发展的需求和利益，将员工个人的诉求纳入企业人力资源管理评价活动中，在重视员工个人发展需求的基础上落实相关的人力资源管理方法和措施。这样才能够使员工确立更加积极的工作态度，同时也能够让员工对企业产生一种归属感，有利于员工更加积极、更加认真地投入到自身的工作中去。与此同时，现代企业还应该加强对其他企业先进的人力资源管理理念和管理方法的学习和借鉴，通过积极吸收优秀的管理办法来更好地丰富和拓展企业的管理体系，使企业能够最终将人力资源管理与企业经营活动结合起来。

综上所述，人本管理最重要的就是应该明确以人为本的思想核心，在充分重视企业员工的利益和需求的基础上构建更加完善的人力资源管理体系。在落实人本管理理念的人力资源管理活动中，企业应该加强对人才和知识的重视，将员工个人诉求与企业的战略目标等结合起来，不断完善企业的人员管理结构和方法体系，使员工能够更好地服务于企业的经营发展活动。

# 第二节　激励理论在企业管理中的应用

在企业管理过程中，管理者每时每刻都有意或无意地使用某种激励手段去激励下属做好本职工作。本节主要介绍了激励理论，分析了激励理论在企业管理中的应用，旨在为企业管理者的管理实践提供借鉴，对于提升企业竞争力具有十分重要的意义。

## 一、激励理论的背景

《一般管理学原理》一书提到了双因素理论。在双因素理论中，赫兹伯格认为，保健因素的改变只能消除员工的不满，并不能使员工变得非常满意，也不能激发他们工作的积极性，促使生产增长，工资属于保健因素；而在公平理论中，亚当斯认为，公平是激励的动力，在使个体感到公平时，工资依然可以激发员工的积极性，成为激励因素。另外，赫兹伯格认为与工作有关的内容属于激励因素，但当调整工作内容之后，如果工资不变，甚至增加时，则员工的积极性可能依然无法提高，员工甚至会产生不满情绪。显然，两个理论之间似乎存在某种"矛盾"，而且在目前的激励理论体系下，该"矛盾"很难得到解决。王友平、盛思鑫在《对马斯洛需要理论的再认识》一文中指出："我们认为，马斯洛需求理论的真正缺陷在于他将人的需要看成是一种层次分明的结构，而未认识到这是一个复杂的矛盾系统。但是，他未能将这种系统性的思想贯彻到他的需要理论中。"刘永芳在《管理心理学》一书中指出："马斯洛的需求理论绝大部分谈的是人的自然属性，忽视了社会存在对人的成长所具有的影响，且马斯洛的需求层次论带有一定的机械主义色彩，忽视了人的主观能动性。"

综上所述，激励理论是关于个体行为的理论。到目前为止，学者们研究的激励理论包括期望理论、马斯洛理论、动机理论、双因素理论和公平理论等。

## 二、激励的相关概念

激励是指通过高水平的努力实现组织目标的意愿，而这种努力以满足个体某些需要为条件。激励概念包括三方面的内容：努力，这是强度指标；组织目标，这是质的要求，即努力的方向要与组织目标一致；需要，这是使努力的结果具有吸引力的某种内部状态。

"激励"一词本身含有激发、促动、鼓励的意思，其英文表达是"motivation"，即动机的形成、促动因素、动力。在心理学的意义上，激励指的是人的需要和动机受到某种因素的激发，进而产生行为动力的心理活动过程；从组织行为学的角度看，激励指的是促进和改善个体行动的一种有效手段，它通过对某些内部因素的激发或施加外部因素的刺激，促使个体发挥主动性积极地行动去实现某一预期目标。

## 三、企业发展中激励理论运用的重要性

企业作为一个特定的组织，存在和发展都面临着两个基本问题：① 企业对成员是否具有凝聚力，对外界人员是否具有吸引力；② 企业员工是否胜任其本职工作，是否能够积极主动、创造性地工作。如何保持企业内部的向心力、战斗力，并能不断吸引优秀人才到企业中来；如何使胜任工作的人安心留在企业工作，并努力发挥他们的潜力，从而提高工作绩效，这些都涉及激励问题。可以说，有效的激励机制和激励手段是关系一个企业存在和发展的迫切问题。

每一个人的工作行为、组织行为和人际行为，都是在某些需要和动机的支配下产生的，这些需要和动机又是受某些因素激发或驱动的。企业要想有效地运用激励手段，就必须认真

分析人们的需要和动机以及具有促进或激励作用的因素，了解激励过程的内在机制，这样才能制定切实可行的激励措施，以取得最大的激励效果。

### 四、激励理论在企业管理中的运用

#### （一）完善竞争平台

在企业发展环境中，公平的环境对于员工来讲十分重要；员工也会对自身的付出进行自我评比，公平的环境可以对员工形成激励。企业要按照员工的能力安排员工的职位，这样才能让员工在适合的岗位上发挥最大的作用。管理者在选拔员工的过程中也可以以此作为基本参照。但是，就现在的企业发展而言，很多企业在公平性上都存在一定的缺陷，表现在员工有很好的工作能力，却没有较好的展示平台；员工经常在工作中体验到不公平的感觉，影响了员工工作积极性的有效发挥。那么针对这种问题，就需要企业的管理者为员工创建一个良好的竞争平台，并且以公平和民主为主要指导手段，对于各方面工作的标准予以积极、有效的落实。例如，员工的工资奖励、奖金和职称等。这样才能让企业的反应和员工的行为一一呼应，为员工创造一个良好的工作环境。在工作中，企业应提倡按劳分配、人尽其才，这对于企业的长期可持续发展有很大的促进作用。

#### （二）为员工提供心理保障

现在社会的发展节奏越来越快，员工面临着各种压力。如果不能及时有效地缓解员工的压力，则势必会对员工工作的积极性产生影响，很难发挥出员工的才能。为员工提供心理保障需要从以下几个方面着手：首先，企业要不断完善内部的福利制度。只有全面地保障这些制度，员工才能安心工作，不会因生计和社会压力而影响自己的工作效率。其次，企业要全面落实员工的休假制度。休假制度是我国劳动法中的重点内容，企业要以符合劳动法为基本前提，保障员工的休假权利。这可以让员工有更多的时间放松自己，处理自己的生活事务，提升他们的幸福感。

#### （三）为员工提供发展机遇

员工在企业中工作除了要实现自身价值，为企业和国家创造更多的价值，更加看重的是自己的工资待遇和发展空间。企业在管理和激励员工的过程中要给员工提供一定的成长机遇，让员工得到锻炼，增强员工的能力。对此，企业管理可以做好以下两个方面的工作：首先，给员工设定阶段性的目标。企业要能够让员工看到学习性所在，使员工能够提升自己的能力，这样不仅员工可以在企业中学习更多的知识，而且也能增强企业的竞争力。企业不仅要为企业设定发展目标，还要为职工确定职业发展目标。例如，员工在企业中可以享受到再教育机会，要让员工获得更多的证书，不断增强员工在工作中学习的欲望。其次，不断地对员工的工作内容进行优化。员工的能力在一定程度上是因为勤勉的工作锻炼出来的，那么企业要想让员工更好地掌握一些工作能力，可以为员工创造学习的机会。例如，轮换工作岗位、拜师、合作或者让员工学习新技能、新知识，丰富员工的工作内容，并且在员工的工作中给予其更多的成长空间，建立员工培训基地，培训基地主要是为了加强员工工作的针对性和活力，充实企业的人力资源力量，提升员工的工作能力。

综上所述，在企业管理过程中运用激励理论能够提升企业的工作满意度，提升员工的基本工作技能，让员工的潜力得到最大程度的发挥，让员工能够对岗位上的表现更有信心，提升企业人力资源管理的效率。

# 第三节　物料精细化管理在企业管理中的应用

精细化管理可以为企业的发展提供重要的保证，而对物料的精细化管理在企业管理的标准化中起着重要的作用。精细化管理的本质是通过分解企业管理职责，组织企业对在管理中容易忽视的细节和问题进行详细分析，以及通过精细化管理实施优化以确保科学和准确地改进企业管理。但是，实际上许多企业对此并不了解。本节对物料精细化管理进行了分析，并讨论了如何在企业管理中应用精细化物料管理。

随着社会经济压力的增加，企业发展面临的困境非常明显。为此，很多企业已开始将精炼物料管理应用于企业管理，以便全面改善企业范围的管理功能。但是，企业缺乏对良好管理概念的理解使得物料精细化管理在企业管理中的作用有限。因此，企业需要增强精细化管理意识，规范其流程并加强管理，从而有效地提高企业管理效率。

## 一、物料精细化管理在企业管理中的重要性

在现代企业管理中，复杂的物料管理不可避免地成了公司管理的趋势。与传统的企业管理方法相比，物料的物化管理取得了重大创新，规范了传统企业简单、广泛的管理模式，做到了准确、细致、详细，解决了内部管理的细节，实现了企业管理的有序化，从而改善了企业的可管理性，提高了管理效率。因此，精确的物料管理对于企业管理具有重要意义。首先，先进的物料管理提高了企业管理效率。长期以来，企业的运营效率一直阻碍着企业的发展，许多企业没有找到提高效率的有效方法。企业的精细化管理使企业的内部管理更加规范和有序，各种管理任务得到了加强。在这种管理方式下，企业运营成本能够得到有效控制，运营效率能够得到提高，导致企业的整体经济效益普遍提高。其次，企业的运营管理要求物料管理提供决策基础。精确的物料管理是现代企业发展必不可少的方式，其先进的特性使企业的生产管理运作流程非常规范、科学，使企业的生产经营安全、有序，减轻了其管理压力。企业的决策层降低了管理成本，将精细化的物料管理应用于企业管理，能够有效地获取精细的

市场信息，从而使业务决策更加精练。最后，精细化的物料管理提高了企业管理中员工的素质。

## 二、物料精细化管理在企业管理中的应用现状

现阶段，精细化管理在企业管理中的应用还不是很广泛。它被一些大型企业使用，例如煤炭、铁路和其他大型企业，却很少被一些新兴的小型企业使用。精细化的物料管理理念尚未引起企业的重视。物料精细化管理在企业管理中的应用现状体现在以下几个方面。

### （一）物料精细化管理的局限性

在企业管理中，物料精细化管理的应用仅限于"物料"管理，包括物料采购管理和物料存储管理。企业生产经营所需的原材料和其他材料是企业必不可少的要素，良好的物料管理是企业管理的重点，因此对材料的精确管理是确保公司生产经营正常运转的重要保证，能有效地维护企业的正常生产经营。

### （二）物料的精确管理

物料的时间管理性很强，物料按照生产计划进行组织。物料管理在企业中起着重要的作用。物料的精细化管理必须与物料的时间保持一致，并保持高效运行。该应用程序的重点是生产和操作环节，这需要花费太长时间来生产和操作物料，从而影响了精确物料管理的及时性。精细化的物料管理活动从物料的采购时间开始进入生产经营环节，并不断扩大，为生产经营服务提供有效的支持。在企业治理概念中，物料时间管理在所有流程中具有最短的"物料"处理时间，并且企业成本最低。例如，材料停留在生产和销售中的时间越短，材料管理的成本就越低。因此，为了更好的满足客户的需求，物料管理部门需要更有效地支持生产和运营，加强沟通与协调，并实施精细化的物料管理。在精细化的管理模式下，物料的运行受客户需求和生产压力的驱使，物料需求增加，物料周转时间减少，根据"订单"组织生产并制订物料采购计划，以采购物料实施活动，从而提高了企业效率。

### （三）精细化的物料管理可以识别企业管理中物料的动态需求

精细化的物料管理通过了解企业生产中的物料需求，可以随时掌握企业生产经营活动中物料的动态，可以根据需要随时调整物料，以最大限度地减少材料库存，占用最少的资金并且不影响企业的生产，使得公司的综合利益最大化。

## 三、物料精细化管理在企业管理中的应用存在的问题

### （一）认识不足，对企业中精确物料管理的应用没有给予足够的重视

现阶段，大多数企业没有对物料的精确管理给予足够的重视，同时也没有意识到其重要性。许多企业没有改变传统的管理方法，也没有加深对科学管理模型的理解。因此，物料精细化管理在公司管理中的应用并未真正发挥作用，影响了企业管理中提炼物资管理的推进。

（二）物料的精确管理尚未在企业管理中广泛使用

首先，在企业级别，很少有企业应用精细化的物料管理，有些应用更适合小型企业。其次，内部的物料产业管理良好。企业管理的应用范围狭窄，大多数企业在整个企业管理过程中并未对物料进行精确管理。一些企业只专注于生产，而另一些企业专注于物料采购。另外，由于没有专门的管理系统和协调机构，企业难以实施良好的管理，不能提高管理效率。对企业管理实施过度响应是无效的，尤其是在未建立精细化管理模型的主要链接的情况下（例如，未严格执行问责制、配额管理和监督）。因此，物料的精细化管理并未在企业管理中得到广泛应用。

## 四、改善物料精细化管理在企业管理中应用的有效措施

（一）提高认识，促使物料精细化管理应用能够发挥重要作用

首先，企业高管要认识到精细化物料管理在企业管理中的应用对于改变管理理念的重要性，更要重视物料精细化管理在企业管理中的应用。其次，企业在推进物料精细化管理的同时，建立物料精细化管理下的管理机构，明确各部门之间的职能，促进物料精细化管理在企业管理中的应用；增设企业管理职能部门，明确工作职责，保持各岗位职能的高效运行，提高企业管理效率。最后，加强员工对精细化管理的认识，加强对员工的培训，完善管理能力，增强管理对于企业发展的重要性，严格执行后勤管理目标，形成精细化的企业文化管理，为实施精细化的物料管理创造良好的氛围。企业管理者要指导员工按照完善的管理标准进行检查和整改，逐步完善各项工作流程，养成良好的职业习惯。

（二）建立系统，提高应用水平

精确管理是对企业原有管理制度的改革和优化，因此有必要根据企业的实际情况和原始管理制度进行分析，以找到对物料进行精细化管理的切入点，并在实际企业中进行。首先，企业要进一步对其内部管理系统进行分类，改善内部控制管理，并实现企业各种系统的实施。其次，企业要加强其资源整合，优化资源配置，促进企业发展。通过资源整合，企业的优势得以集中，企业的"产业链"得到充分利用，企业的各项业务得以更加完善和实施。企业管理更加专业，可以更好地满足客户需求，有效提高客户满意度，实现客户资源化，积极拓展新客户资源，为企业发展开辟了广阔空间。精细化物料管理的实施与企业的长期战略计划相关，该计划应使企业能够根据实际情况长期并稳定地运作。同时，在将物料精细化管理应用于企业管理时，各部门必须保持协调一致的运作，并形成一个标准化、集成的企业管理和控制体系。企业应在生产经营的各个方面进行物料管理、人力资源管理和成本管理，进行目标定量分析，在计划、采购、生产和交付等方面认真加强对物料标准的精确管理。

（三）加强公司管理纪律的执行，提高物料精细化管理的应用效率

企业中精细化物料管理应用的有效性取决于企业的执行能力，因此有必要加强在企业管理中应用精细化物料管理的执行规则。为此，当纪律到位时，企业管理者应征询企业最前沿员工的各种意见，充分了解他们的实际需求，促进他们实际参与物料的精确管理。企业管理者要重视纪律处分的严肃性，严肃处理违反良好管理规定的行为，鼓励在企业管理中实行更先进的精细化管理。管理纪律的实施能够提高物料精确管理在企业管理中的应用效率以及企业管理效率。

企业在管理中应用精确的物料管理非常重要。企业需要提高对精细化物料管理在企业管理中的应用的理解，提高员工对精细化管理的认识，并使员工积极参与精细化管理。企业需要在管理系统中做好工作，加强纪律处分，确保其应用程序的有效性，并确保企业管理中复杂的物料管理应用程序发挥管理效率。

# 第四节　现代信息化技术在企业管理中的应用

本节分析了企业应用计算机信息化技术的必要性，如可满足企业资源管理的需求，满足企业基础管理与制度管理的需求；列举了计算机信息化技术应用的不足，如信息化意识薄弱、缺乏专业的技术人员；提出了应用计算机信息化技术的要点，主要是注重企业的信息化建设，提升工作人员的专业技能，加强财务部门和内部供应环节的信息化建设，以期将计算机信息化技术渗透到企业的各个方面，确保企业的可持续发展。

## 一、应用信息化技术的必要性

在这个全球信息化时代，社会各个领域的发展都离不开互联网的运用，企业要想实现长久发展，就一定要跟上时代发展的脚步。企业在现代化管理中引入计算机信息化技术，可为企业发展提供信息化载体，实现全面推动企业发展的目的。

### （一）企业资源管理的需求

产品在生产过程中，受到企业设备、零件及其他因素的影响，企业的生产效率和生产质量一直不高，而应用计算机信息技术可以解决以上问题。例如企业产品生产的过程会产生大量数据信息，这增加了企业工作人员的工作量，且数据信息复杂，需要工作人员整理、分类，工作效率低下；而且，人工操作还存在一定的误差，无法保证数据信息的精准性和可靠性，也就无法确定最终的市场价格。企业运用计算机信息化技术可以对数据信息进行整合管理，在提高企业综合管理水平的基础上，保证企业在激烈的市场竞争中拥有竞争资本。

### （二）企业基础管理与制度管理的需求

企业发展需要多方的共同协作，而发展数据是保证企业找准发展方向的基础。如果企业管理失去了数据支持，就无法进行科学合理的管理，企业相关工作的考核也会失去标准规范，企业内部的资源配置和财务状况都会受到影响，长此下去，不仅降低了企业的反应能力，同时还会使企业的信息发展能力滞后。应用计算机信息化技术，可以保证企业各项规章制度顺利实施。当企业进行管理考核时，计算机信息技术也可为企业考核的准确性提供保障。

## 二、信息化技术在应用中存在的问题

### （一）信息化意识薄弱

企业员工的计算机信息化意识相对薄弱，常局限于传统的发展观念，只注重经济发展，忽视了计算机信息化建设。企业也没有意识到信息化建设的重要性，从而导致员工缺乏信息化意识。在信息化建设中，员工经常忽视硬件设备的检修，一些硬件设备亟须维修更换，维修人员却没有及时发现，最终导致计算机信息化发展无法与企业的实际发展相匹配，企业生产也会受到严重影响，企业的可持续发展也因此受到制约。

### （二）专业的技术人员不足

企业要想在激烈的市场竞争中实现发展，除了要有高效的管理，还需要高技术人才的支撑。只有人才储备充足，企业才能不断创新，才会有强大的生命力。企业应吸引人才，提高生命力，故而企业的招聘环节非常重要。企业在招聘时，往往会将招聘重点放在实践方面，忽视了对计算机信息技术能力的考察，导致很多人员缺乏计算机专业技术，无法满足计算机信息化建设的需要。企业的信息化发展与技术发展失衡，影响了企业的信息化建设。

## 三、解决问题的方法

### （一）注重企业的信息化建设

企业的发展离不开企业管理。对于企业管理者来说，注重企业的信息化建设是非常重要的。企业的信息化建设应将信息化应用于企业的基础设备和知识管理系统，摒弃传统的发展理念，定期对员工进行培训，增强员工的信息化意识，要让员工意识到企业信息化建设的重要性。在信息化建设过程中，企业要明确工作方向，合理配置企业资源，为计算机信息技术应用提供有利条件，全面提升企业的综合管理水平。

### （二）提升员工的专业技能

企业的发展离不开人才的支撑，要想做好人力资源建设工作，就要积极引进计算机信息技术专业人员，并对企业现有的员工进行技术培训，由企业管理层合理设置培训时间，使员工意识到计算机信息化建设的重要性。员工之间可以针对企业的实际发展进行沟通和交流，企业管理层也要积极听取员工的意见和建议，认真听取员工的反馈，根据反馈信息，有针对性地解决问题，从而真正提升企业的人力资源管理工作和信息化建设工作的水平。

### （三）加强财务部门和内部供应环节的信息化建设

企业的发展需要各个部门的通力协作，因此计算机信息化技术也应渗透到各个环节。企业应将计算机信息化技术应用于财务部门和内部供应环节，高度重视对各项业务流程的管理、监督，及时反馈库存数据信息。信息化建设在财务管理工作中也非常重要，能够保证财务信息数据核算过程中的准确性，提升财务管理工作效率及企业的市场竞争力。信息化建设可使企业实时掌握最先进的技术信息，明确最新的发展趋势。企业只有根据这些信息不断地调整发展思路，提高生产效率，才能获得长远的经济效益。

企业在管理中应用计算机信息化技术，是提升企业综合发展的有效手段。企业要重视计算机信息化技术的应用，应全面了解企业资源管理与企业制度管理的实际需求，积极做好企业的信息化建设，合理配置企业资源，并将信息化应用于企业的基础知识管理系统，定期培训员工，提升企业财务管理效率。只有紧跟时代发展的步伐，企业才能在市场竞争中占有一席之地，才能更好地实现可持续发展。

# 参考文献

[1] 张金浩，林绍良.浅析企业管理变革与创新 [J].现代企业文化，2015（33）：76-77.

[2] 郭曼.企业管理创新：互联网时代的管理变革 [J].中国科技产业，2012（4）：74.

[3] 孙永新.现代企业管理变革与创新 [J].中国商办工业，2002（6）：18-19.

[4] 张洪波.创新变革企业管理体系 [J].中国外资，2017（6）：88.

[5] 陈贤彬.企业管理会计信息系统构建研究 [D].广州：广东财经大学，2017.

[6] 何倩梅.管理会计在中小企业中的应用研究 [D].武汉：华中师范大学，2017.

[7] 张咏梅，于英."互联网 +"时代企业管理会计框架设计 [J].会计之友，2016（3）：126-129.

[8] 强建国.管理会计在企业应用中存在的问题及对策 [J].科技与企业，2013（22）：91.

[9] 官小春.高科技企业研发超越预算管理研究 [D].长沙：中南大学，2010.

[10] 杨伟明，孟卫东.联盟组合管理、合作模式与企业绩效 [J].外国经济与管理，2018（7）：32-43.

[11] 刘玉华.企业管理模式与企业管理现代化探讨 [J].市场观察，2018（7）：71.

[12] 宋新平，梁志强.浅谈企业管理模式与企业管理现代化 [J].中国商论，2017（4）：69-70.

[13] 张怀志，王苓.企业管理流程与企业管理效益提升 [J].中国新技术新产品，2015（10）：174.

[14] 王彬.浅谈企业管理流程与企业管理效益提升方法研究 [J].企业文化（中旬刊），2017（6）：198.

[15] 罗永旭.浅谈企业管理流程与企业管理效益提升方法研究 [J].科技创新与应用，2017（8）：266.

[16] 蒙宇村.基于业务流程管理视角探讨提高企业管理效率的途径 [J].中国管理信息化，2015（12）：54.

[17] 黄中恺.流程优化与企业效益提升的实证分析 [J].上海船舶运输科学研究所学报，2016（4）：60-66，72.

[18] 周子菲.知识经济时代的企业管理改革创新思路探索 [J].精品,2020,(第 22 期)：64.